普天之下・盡是好書

普天出版家族
Popular Press Family

凌雲文創
A-Plus Creative Company

REWRITING
DESTINY
BY
FAITH

江映雪——編著

你的自信，一定會讓你更加幸運

美國心理學家愛彌爾．庫耶說：「只要你充滿自信，即使是高聳入雲的群山，你也能將它移走
相反的，一旦你自己退縮，即使是一小撮土堆，你也會把它看成萬仞高山。」
自信所創造的奇蹟無所不在，想戰勝惡劣的環境，想活得比別人幸運，你就必須要求充滿「我
定可以」的信念。只要充滿自信，你就會是自己的幸運之神！

• 出版序 •

用自信改寫命運的智慧密碼

想要改變自己的自卑傾向，必須先找出自己比別人優秀的獨到之處，生活才不會過得那麼痛苦。

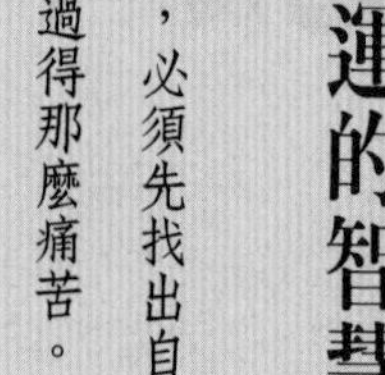

作家費茲傑羅曾經說：「我們該重視的是自己在自己心中的價值，而不是自己在別人心中的地位。」

人之所以會自卑，問題往往出在自己認爲自己在別人眼中一文不值。因此，只要我們相信自己就算眞的是一文不值，也是無人可以取代，那麼在我們的人生字典裡，就只會找得到「自信」，而找不到「自卑」。

肯定自己的獨到之處，你就能找到自己存在的價值，在坦然接受自己的不完美之後，你才能找到超越別人的優點。

美國的種族歧視是長期以來根深柢固的問題，人生而不平等，不是幾句口號或幾次遊行就可以輕易改變的。黑人承受的眼光、遭受的侮辱已經太多，多到連黑人都不由得會懷疑自己的存在價值。

威爾正是一位這樣的黑人孤兒，他自小無父無母，曾經輾轉被人收養了十五次，在他的成長過程中，他只知道自己的名字叫做「孤兒」，自己的身分就叫做「黑鬼」，幾乎已經忘了自己也有名字，以及自己也可以擁有夢想。

直到長大以後，有一次，他偶然間遇見了教會裡的一位牧師，從此徹底改變了他的人生。

牧師發現這位年輕人心中隱藏著很強烈的自卑感，不但走路時不曾抬頭挺胸，說話時目光也不敢直視別人，總是一副若有所思的模樣，令人不想靠近。因此，牧師主動和他做了朋友，想為威爾解決這個問題。

牧師的善意，威爾當然銘記於心，十分感激，不過，他滿懷自卑地告訴牧師說：「我是一個黑人，是奴隸的子孫，這是改變不了的事實，黑人註定就是要被人看不起的。」

牧師的笑容像春天的陽光一般和煦，他告訴威爾說：「你錯了，黑人也有很優秀的地方。」

威爾的眼睛迷惑地瞇了起來，牧師繼續說：「包括你在內，所有美國黑人的祖先都是來自非洲，你們是非洲所有的子孫中還能在美國繼續生存下來的，所以你應該以自己的血統為榮。如果你們不夠堅強，早就像其他那些弱者一樣，在還沒有離開非洲之前，就死在船上或森林裡了。你們之所以能繼續存活，是因為你們有知識、有才能，又懂得團結合作，這些都是成為一個強者的條件，所以在美國的黑人比任何種族都來得優秀，而且這種優秀的血統會一直流傳下去的。」

威爾點了點頭，有生以來他第一次以身為一個黑人為傲！

他終於找到了自己人生的方向，經過幾年的努力之後，他取得了醫學博士學位，當上了醫生。而且，他完全克服了自卑，因為他知道，除了自己的心態，沒有任何事情可以難得倒他。

美國作家桑塔亞納曾經這麼寫道：「哥倫布是憑著信念發現了新大陸，絕不是靠航海圖。」

人是信念的產物，人生道路則是內心世界的延伸，只要充滿自信，你就印證自己的價值。無論置身多麼惡劣的環境，都不能讓自卑的心理打敗。

想要改變自己的自卑傾向，必須先找出自己比別人優秀的獨到之處，生活才不會過得那麼痛苦。

但是，如果你相信自己是最優秀的，那麼你就大錯特錯了！因爲，事實擺在眼前，明明還有別人比我們優秀，我們又何必欺騙自己，像鴕鳥一樣把頭埋進沙堆，一廂情願地相信自己是最優秀的呢？

應該理性地告訴自己：「我雖然不是最優秀的，但我卻是獨一無二的！」沒有人能夠和你一模一樣，連你的腳趾頭、手指頭都與眾不同，全世界再也找不出第二個你，因爲你就是唯一的。

找到獨到之處，你就會肯定自我的價值。

PART—1 別用自卑心理放棄自己

沒有人可以否定你的存在，也沒有人能否定你的價值；多數被否定的人，在他們的心中，其實有很強烈的自我否定。

PART—2

做好準備 就能抓住機會

當命運不如己意的時候，仍要保持一顆平常心，不斷充實自己，如果一個人真有才華，只要能把握機會，必定能夠一鳴驚人。

PART—3

充滿信心，就會讓生命更堅韌

信心給予生命的不只是一種寄託，一份憑藉，一項支援，信心更為生命帶來永遠的堅強和力量。

PART—4

在關鍵時刻 讓自己更出色

朗費羅曾說：「我們是以自己有能力做什麼事來評斷自己，但別人卻以我們已經做了哪些事來評斷我們。」

PART—5

有燃燒的熱情，才能不斷成長

巴爾札克在《山間的百合》裡寫道：「熱情就像是熊熊的火焰，是一切的原動力！有無比旺盛的熱情，才可能持續偉大的行動。」

PART—6

用正面的心態面對失敗

「失敗為成功之母」，但這句話的先決條件是：要從失敗中學得經驗並獲得啟發，更重要的是要繼續努力，不就此放棄。

PART—7

希望是自己最好的投資

每個人在歷練人生的過程裡，不如意的遭遇是難免的，在這個時候，希望就是幫你從不如意的泥沼中掙脫的繩索。

PART—8 你可以選擇走向不同的人生道路

德國思想家歌德在《感想集》裡寫道：「能把自己生命的終點和起點連接起來的人，是最幸福的人。」

PART 9

無法改變環境，就試著改變心境

熱愛生活的人，無論處於順境逆境，都能以健康的心態面對。他們知道，人如果不能改變環境，那就只能改變自己。

PART—10

看法會決定你的做法

皮爾博士在《人生的光明面》裡說：「逆境會使人變得更加偉大，也會使人變得十分渺小，它從來不會讓人保持原來模樣。」

PART—11

你的人生只是夢幻泡影？

丹麥詩人皮特海因曾說：「人唯有像樹木一樣自然成長、飽經風霜，才能根深葉茂。」

1.

別用自卑心理放棄自己

沒有人可以否定你的存在，
也沒有人能否定你的價值；
多數被否定的人，在他們的心中，
其實有很強烈的自我否定。

相信自己，必能獲得成功

命運掌握在自己手裡，更在於如何看待自己。不論出身多微寒，不論別人如何看待，只要相信自己辦得到，就一定會成功。

你相信算命嗎？你相信人有既定的宿命，而且是在自己出生之時就已經安排好的嗎？或是你認爲生於中下階級的人絕無爬上高位的一天呢？

看看以下的小故事，或許能幫你破除「宿命」或「出身」的迷思，用自信代替自卑，以嶄新的態度面對自己的人生。

有一個黑人小孩出生於紐約的貧民窟裡，從小就和貧民窟裡的孩子們一起玩耍、打鬧，而且受環境的影響，染上了和那些孩子們一樣的種種惡習，諸如打架、罵人、逃學……等等，讓每一個教過他的老師都很傷腦筋。當然，他的同學大多是出生於貧民窟的孩子，也和他一樣滿身惡習。

新學期，學校新來了一位教師，名叫保羅。保羅聽說了這些孩子的「事蹟」後，希望能憑自己的力量矯正他們的惡習，讓他們走上健康成長的道路。

剛開始的時候，保羅只是苦口婆心地勸說這些孩子們，希望他們成為有理想有抱負的人，但這些孩子沒有一個聽得進他的教導，仍和往常一樣打架、逃學、滿嘴髒話。怎樣才能讓這些孩子改掉壞毛病呢？保羅總是為了這件事非常操心。直到在學校裡生活了一段時間後，保羅發現那裡的人非常迷信，於是他想到利用迷信的方式去教育孩子們。

那一天，保羅和往常一樣帶著課本和教材走進教室，可是上課的時間到了，他卻沒有如往常那樣開始講課，反而說：「我知道你們都不想上課，所以今天這節課就不上了。」

孩子們發出一陣歡呼聲。

保羅繼續說：「我在讀書的時候，學校的不遠處是一個原始部落，部落裡有一位巫師，當地人遇上任何問題時都會去請巫師占卜。那個巫師還會幫人看手相，那時候我請他為我看手相，他說我以後會成為老師，而我的確也成為老師了。當時，我還跟著巫師學習如何看手相，我學會如何藉著看手相了解每個人的未來，今天我就來幫你們看看手相吧！」

孩子們聽完後十分興奮，又發出一陣歡呼聲。

保羅要孩子們坐好，他才能一個一個為他們看手相。保羅先幫第一排的彼特看，他來到彼特的位置上，拉著他的小手說：「嗯！我看看，這樣啊，你以後一定會成為一個商人，而且會成為一個很成功的商人，先恭喜你喔，彼特。」

看著保羅慈愛的目光，彼特高興地對同伴說：「聽到了嗎？我會成為一個很成功的商人呢！你們快讓老師看看長大後會成為什麼樣的人。」

孩子們看到老師說彼特以後會成為商人，都爭先恐後地讓老師幫自己看手相，而且被看過的孩子都高興極了，因為按照保羅老師的推測，他們的未來都很成功，個個非富即貴。

那個黑人小孩是最後一個，他已經排得很不耐煩了，好想把手伸出去給老師看手相，可是又怕自己的命不好，因為從小到大都沒有一個人喜歡過他，也沒有一個人說他將來會有出息。

保羅看到那孩子猶豫不決的樣子，一下子就猜出他在擔心什麼了，他走到孩子身邊對他說：「每一個孩子都得看手相，你也不能例外。我看手相看得相當準的，從來沒有出現過錯誤推測。」

孩子緊張地看著老師，最終還是把手伸了出去。保羅煞有其事地把那隻髒兮兮的小手仔細翻來覆去研究很久，然後他盯著那孩子，非常認真、非常確信地說：「你好棒喔，你以後一定會成為紐約州的州長。」

那個黑人孩子簡直不敢相信自己的耳朵，但他堅信老師說得沒錯，因為老師說他看手相是很準的。他感激地看著老師，並在心中確立了成為州長的信念和目標。從那以後，孩子們打架、逃學的事件一天天地少了，特別是那個黑人孩子變化最大，他改掉了一切壞毛病，就像完全變了一個人似的，因為他把自己當成了州長，他認為州長就該很優秀。

那群孩子長大以後，真的有不少人成為富翁或名貴之士。而那個黑人小孩也的確在五十一歲時成為紐約州第五十三任州長，並且是美國歷史上第一位黑人州長，他就是羅傑·羅爾斯。

我們常常說「命運掌握在自己手裡」，看完這個故事，我們更應該說：命運不但掌握在自己手裡，更在於我們自己如何看待自己。

人的一生就像是一趟乘風破浪的海上之旅，千萬要記住法國啓蒙思想家盧梭的叮嚀：「當心啊，年輕的舵手，別讓你的繩纜鬆了，別讓你的船錨動搖，不要在你還沒發覺以前，船就漂走了。」

如果我們相信自己終有成功的一天，那麼不論歷經多少困難與挑戰，我們仍然可以一步步向我們的目標邁進；就像貧民窟長大的羅傑·羅爾斯堅信自己眞能成爲州長一樣。所以，不論出身是多麼微寒、不論別人如何看待，只要相信自己辦得到，就一定會成功。

別用自卑心理放棄自己

沒有人可以否定你的存在，也沒有人能否定你的價值；多數被否定的人，在他們的心中，其實有很強烈的自我否定。

蘇聯作家奧斯特洛夫斯基曾經寫道：「人的生命似洪水在奔流，不遇著島嶼和暗礁，難以激起美麗的浪花。」

一個人之所以會走投無路，或是陷入絕境，很多時候都是充滿自卑心理，他早已放棄自己，接著，別人才會放棄他。

有個男孩得了小兒痲痹，由於當地醫療太過落後，後來雖然康復了，但男孩的腿也瘸了，從此他的人生走得比任何人都辛苦。

需要被照顧的男孩，在人們憐憫、嘲笑與冷漠的異樣眼光中成長，內心充滿矛盾與自卑。

這個當年不斷被身體殘缺所擊敗的男孩，名叫羅斯福。後來，他突破自卑，奮鬥不懈，反而成為美國人民的精神指標。

心理學家阿德勒也如羅斯福一樣，童年的阿德勒在富足的環境中成長，但是他一直都鬱鬱寡歡，因為他從小便是個駝子。

行動不便，還經常被人恥笑，使得阿德勒從小便與世界隔離。自我封閉的結果，令他不斷地拉開與別人之間的距離。

但是，即使長期生活在與眾不同的環境中，阿德勒與羅斯福一樣，都沒有因為缺陷，而失去生命的價值，他們的成功反而更為亮眼。

阿德勒在《自卑與超越》中寫下：「成功者離不開自信，因為他們才能在自信的驅使下，走出自卑的陰影，努力為自己尋找更高更遠的理想目標，用以補償他們生命中的缺陷。」

派克醫師說：「當我們能夠接受人生的困難時，將不再耿耿於懷，人生也會變得多彩多姿而不是多災多難。」

就如羅斯福和阿德勒一樣，能用自信代替自卑，從自卑、逆境中走出來的人，生命的活力特別亮眼驚人。

沒有人可以否定你的存在，也沒有人能否定你的價值；多數被否定的人，在他們的心中，其實有很強烈的自我否定。

相信自己，比卑微地期望別人的肯定來得重要；自己站起來，比倚賴別人的扶持更爲可靠。如果無法戰勝自卑，再多的外在肯定也沒用，我們仍然會囚在自設的牢籠中。

每個缺點都有獨特的價值

花點心思，身上的缺點也能變成獨特的優點，就像藝術家們一般，創作出與眾不同、完美無缺的驚世之作。

當你充滿自信的時候就會發現，別人其實沒比你想的那麼優；當你不再自卑的時候就會發現，你其實沒你想的那麼差。

最堅強的人，是以寬容的態度面對自己缺點的人，至於懦弱的人則不敢面對自己的缺點，最終自暴自棄地葬送自己。

只要有進取心，我們都能從失敗的領域中，發現到達成功的途徑；只要有自信心，我們身上的每一個缺陷，也都可以成爲與衆不同的優點。

經常有人特地前赴日本，請教服裝設計大師三宅一生，如何設計出獨具一格的服裝款式。

三宅大師提出兩個很有意思的重點。

一是，他認為自己所設計的服飾，其實只完成了「部分」，而其餘的創作空間，則是留給穿衣服的人去完成。

他解釋說：「這樣一來，顧客才能穿出自己的風格，並使得同一件衣服，在不同人的身上能有不同的變化，而且，以這樣的概念設計出來的服裝，也不容易失敗。」

第二點則是，當他在選擇布料時，會請布廠提供設計、印染或紡織失敗的布料，三宅一生便從這些「失敗」的布料中，找到泉湧般的靈感，設計出最具獨創性與美感的作品。

正是因為依循著這兩個重點，三宅一生所設計的服裝總是獨一無二，能夠引領世界的潮流。

從三宅一生的創作特點上來思考，他的「共同創作」與「失敗哲學」，非常值得我們學習。

在藝術家的眼中，任何事物都是創作的最好材料，不管是一塊枯木或是殘破的布料，對他們而言都是最具生命力的事物，只要從不同的角度思索，再糟糕的東西在他們的手中都將化腐朽爲神奇。

朽木也能精雕，更何況是我們？

只要願意多花點心思，身上的缺點也能變成獨特的優點。從現在起，用自信代替自卑，就像藝術家們一般，順著曲折的木頭或坑坑巴巴的石塊，創作出與衆不同、完美無缺的驚世之作。

每個人都要有一項最出色的能力

只要能盡情發揮自己唯一的天分與能力，自然就能把自己生命最好的部分呈現出來。

俄國作家克雷洛夫曾經寫道：「喜歡嘲笑別人的人，無論看見什麼都要叫囂，但是，儘管走你的路吧，他們叫一會兒就會離開的。」

天生我材必有用，每個人至少都會有一個天生的強項。

只要你對自己充滿信心，就會激發自己意想不到的潛能，展現堅定不移的信念，戰勝那些看似無法戰勝的人事物。

某一年，德國一家電視台推出一個新節目，用極優渥的獎金徵選「十秒鐘驚險鏡頭」。

許多新聞工作者趨之若鶩，最後獲得冠軍的作品是一個取名為「臥倒」的畫面，而掌鏡者只是一位剛入行的年輕人。

幾個星期後，這個十秒鐘的作品在電視台的黃金時段播出。當天晚上，幾乎所有的德國人都守在電視機的前面，準備仔細觀看這個冠軍作品究竟好在哪裡，大家從等待、好奇到議論紛紛，最後每個人的眼裡都泛起了淚光。

這個畫面是，一個火車站上，有一個扳道工正走向自己的崗位，為即將到來的火車扳動道岔。

就在這時，他無意間回過頭一看，發現自己的兒子正在鐵軌的另一端玩耍，而那個位置是正要進站的火車，準備行駛的軌道。

完全沒有時間可以猶豫的父親，在那一剎那間必須救兒子，也必須扳道才能避免一場災難。

就在那一刻，他威嚴地朝著兒子大喊：「臥倒！」

在叫喊的同時，他衝過去扳動火車的道岔。在那千鈞一髮之際，火車進入了預定的軌道，而另一邊的火車也呼嘯而過，然而兩個車道上的旅客卻完全不知道，他們的生命剛才險些消失在瞬間，更不知道，當他們乘坐的火車轟鳴而過時，有個小生命正臥倒在鐵軌邊，而且毫髮未傷。

這一幕剛好被一位經過的記者看見，並拍攝了下來。

大家看完之後都猜測，這位扳道工人一定是位非常優秀的人才。

直到記者再次登門拜訪後才知道，原來這位扳道工只是個平凡的老百姓，做的是最基層的職務，唯一值得一提的是，同事們都誇他忠於職守，每一個動作連一秒都沒有失誤過。

更令人吃驚的是，那個勇敢的小男孩是一個智能不足的孩子。

父親泛著淚光對記者說：「其實，我也不知道該怎麼教育他，只是一遍又一遍地告訴他說：『孩子，你長大後能做的事情實在太少了，所以你必須培養一項最出色的能力！』」

雖然兒子並不懂得父親的話，每天仍然傻呼呼地過日子，但是，在生命攸關的那一秒，他卻能快速地「臥倒」，而這個漂亮的動作，正是他和父親玩打仗遊戲時，唯一聽得懂，並且做得最出色的一個動作。

所謂的天才，多數只有一項最出色的天分，但由於他們用自信代替自卑，將這項天分發揮到極致，於是如此不凡。

當鏡頭下的喜憨兒，把被訓練出來的「臥倒」動作，出色地表現出來的時候，就明白告訴我們天分也是可以培養的，而且只需要一項最出色的能力。

能力不必多，生命有限，每個人的學習能力也有限，我們沒有辦法把所有的事情都攬在身上。我們只要能盡情發揮自己唯一的天分與能力，自然就能把自己生命最好的部分呈現出來。

讀懂人性，就能成功

人性有黑暗的一面，也有光明的一面；有貪婪殘酷的一面，更有慷慨仁慈的一面；有時複雜得難以想像，有時卻又簡單得讓人嚇一跳。

著名的國際投機金融家索羅斯曾經這麼說：「在知識經濟的新時代，知識就是財富，就是潛在的生產力。」

在某些人眼中，多次掀起經濟風暴的索羅斯雖然被視爲惡名昭彰的「金融大盜」，但是，他說的這番話仍有一定的道理。

在知識經濟的時代，想要成功，一定得具備知識這種潛在的生產力，尤其是洞悉人性的知識。

因爲，只要你讀懂人性，就會對自己充滿信心，比別人更快速成功。

時至二十一世紀，現今人類最寶貴的資產不再是金銀珠寶等有形的財富，而是懂得如何看透人類心理，進而創造屬於自己的機會與名聲，一旦能打響自己的名號，那麼離成功也就不遠了。

毛姆是英國的著名作家，著有《人性的枷鎖》等有名的長篇小說，此外，他的短篇小說也目當膾炙人口。可是，應該很少人知道，這位大作家在成名之前生活十分艱難，常常得餓著肚子寫作。

有一天，快到山窮水盡地步的毛姆來到一家廣告公司，並對廣告部的主任說：「先生，請您幫我一把吧！我想推銷我的小說，請您幫忙在各大報紙上刊登這則廣告。」

「各大報紙？」廣告部主任瞪大了眼睛以疑的眼光打量他：「毛姆先生，你有錢來付廣告費用嗎？」

「有，這則廣告刊登後，我的書肯定會暢銷，如果您願意先幫我墊付廣告費用，我之後一定加倍還您。」毛姆自信地說。

廣告主任起先起還不相信，但在毛姆遞上自己擬好的廣告詞後，立即一拍桌子：「好，這主意棒極了，我願意幫你！」

第二天，各大報同時登出一則引人注目的徵婚啟事，上頭寫著：「本人喜歡音樂和運動，是個年輕而有教養的百萬富翁，希望能和毛姆小說中的女主角完全一樣的女性結婚。」

女性讀者們看到這則廣告後，馬上飛奔到書店搶購毛姆的小說，回到家更是閉門苦讀，努力將自己培養成如小說中的女主角一般；男性讀者也爭相搶購，目的是想研究女性心理，並防範自己的女友投進富翁的懷抱。

短短幾天內，毛姆的小說就被搶購一空，他也因而一舉成名，這則徵婚啟事不但幫他脫離了貧困的生活，也為自己和自己的作品打響名聲。

毛姆這個辦法令男性與女性讀者都對他的小說充滿好奇、爭先恐後地搶購，令人不得不讚嘆他善於利用人性，並爲自己做了最好的廣告。

事實上，他身爲《人性的枷鎖》這本書的作者，能夠掌握大部份人共通的心理並不令人意外，畢竟一位成功的小說家，之所以能將小說中的人物寫得栩栩如生，一定是平常就對「人」有仔細的觀察，對「人性」有深刻的理解。

人性有黑暗的一面，也有光明的一面；有貪婪殘酷的一面，更有慷慨仁慈的一面；有時複雜得難以想像，有時卻又簡單得讓人嚇一跳。正因爲人性是如此多變又難以捉摸，所以想洞悉人性實在不是件容易的事。不過，若能在日常生活中仔細觀察周遭的人物，終有一天一定能看透眾生的喜怒哀樂，進而掌握人性的共通點，相信到那時，你一定可以像毛姆一樣成功。

別讓標準答案限制自己的發展

問題的答案不會只有一種，也很可能甚至不是我們所想像的樣子，所以讓我們把心中那個唯「標準答案」是問的心結解開吧！

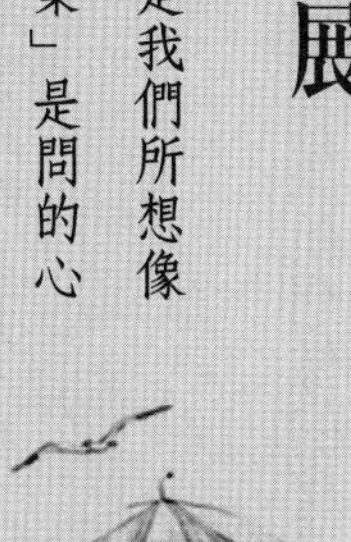

自信與自卑最大的差別是，自信的人行事不拘一格，總是有獨特的看法與做法，至於自卑的人則總是人云亦云，被「標準答案」限制自己的發展。

從前在學校裡上數學課的時候，老師總是要求我們演算出「正確的標準答案」，如果我們的回答與標準答案不同，就一律視爲錯誤。

如今，我們已經不再是當年埋首苦讀的學生了，但是，我們的腦子裡是不是經常還在尋求心目中的「標準答案」呢？

古希臘時代，一位預言家在城市內設下一個號稱最難解的結，並且預言，將來能解開這個結的人必定是世界的統治者。

在那之後千百年的時光當中，許多人都曾勇敢地嘗試過，但是依然無人能解開這個結。

當時，身為馬其頓國王的亞歷山大也聽說了這個結的預言，於是揮兵進駐駐這個城市的時候，也嘗試要打開這個結。

但亞歷山大連續試了好幾個月，用盡各種方法都無濟於事，最後他恨恨地說：「我再也不要看到這個結了！」

他抽出自己的寶劍將結砍成兩半，於是結打開了。

而亞歷山大最後以自己的武力與智慧，建立起橫跨歐、亞、非三洲的大帝國，並成為主宰三塊大陸的偉大霸主。

問題的答案不會只有一種，也很可能甚至不是我們所想像的樣子，所以，讓我們把心中那個「標準答案」的心結解開吧！

我們無從得知當初預言家所打的結究竟有沒有辦法解開，或許一開始它就是一個無解的結也不一定，但我們能確定的是，預言家知道能用獨特方法解開這個結的人，必然是智勇雙全的曠世英雄。

如果亞歷山大也像其他挑戰者般，將所有心思花在解開繩結的辦法上，最後恐怕無法成爲雄霸三洲的帝王，而是如其他挑選者般一事無成。

其實，這世上有許多事是沒有所謂的「標準答案」，不幸的是，我們從小就被教育要回答「標準答案」，於是被這種想法制約後，對很多觀念、解決問題的方法就失去了創造性與柔軟有彈性的思考方式。

如果眼前有解決不了的疑難雜症，不妨退一步看看！倒過來看、歪著頭看，說不定能找出不只一種的解決辦法喔！

懂得創造機會的人才是最後的贏家

在別人不會在意的地方仔細留意，並進一步將從中發現的創意實踐在日常生活應用當中，這就是成功的秘訣。

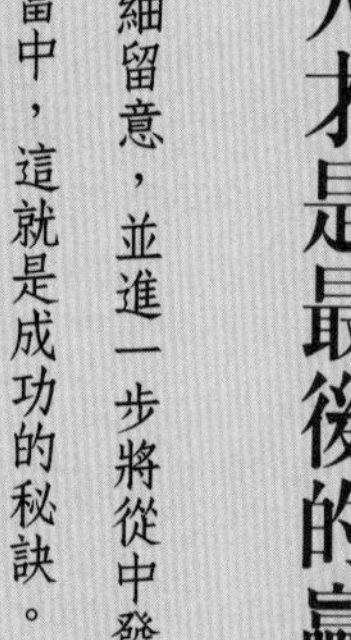

成功學大師卡耐基曾說：「沒有人沒碰過好機會，只是沒有抓住它。」

其實，「自信」和「自卑」的區別就在於自卑的人不懂得抓住機會，自信的人善於掌握機會，因爲，事實證明，只要能抓住眼前機會的人，即便他原本是一個被人瞧不起的失敗者，也會搖身一變，成爲衆人爭相追隨的成功者。

當你在工作環境中發現一堆又刺人又惱人的荊棘叢時，你會怎麼做？是連忙去拿刀子與斧頭除掉它們？或是點一把火將荊棘叢燒得乾乾淨淨？

且慢，我們不妨先來看看故事裡的這位主角在荊棘叢中發現了什麼，也許你也會發現身邊的無用之物中其實埋藏了無價之寶喔！

美國加利福尼亞州有一個名叫約瑟夫的孩子，小學畢業後由於家中經濟困難，無法繼續唸書，只好去幫別人放羊。

約瑟夫非常喜歡讀書，經常因為放羊時埋頭苦讀，而未發現羊群撞倒柵欄跑到附近的農田裡毀壞莊稼，經常受到老闆責罵，於是約瑟夫決心找到一種能夠防止羊群衝出柵欄的方法。

原來的柵欄只是在木條上繫上繩索，所以羊群能夠輕易地撞破柵欄跑出去，不過，他無意中發現有一面柵欄不會被羊群撞倒。經過細心觀察，他發現原來那裡生長著一大片荊棘。

約瑟夫心想，如果能善用，不就可以防止羊群跑出去了嗎？於是就種了一些荊棘來做柵欄，果然解決了羊群亂跑的問題，他也就可以放心去讀書了。

但過了一段時間後，約瑟夫又覺得要在幾十公里的範圍種植荊棘實在太費事費時了，於是另外想出了一個好辦法：用鐵絲代替繩索做成柵欄，再用許多短鐵絲做成鐵荊棘繫在柵欄上。如此就不必真的種植荊棘了，而且效果也十分理想。就這樣，約瑟夫發明了帶有鐵荊棘的柵欄，並受到了大人們的讚揚。

約瑟夫並沒有就此罷手，他還向別人借了一筆錢，開了一家小工廠，專門生產這種「不需要看守羊群」的鐵柵欄。後來，他又加以改進，將兩根鐵絲扭在一起後，再將一根鐵絲夾在當中，如此一來鐵柵欄就更加牢固了。

這種產品進入市場後，大受國內用戶的歡迎，因為這項產品不但可以防止羊群跑出去，一般家庭還可以用來防盜，甚至在戰爭中，軍隊也能用來當作阻擋敵人的防禦網。

約瑟夫先後在本國和其他許多國家取得了發明專利權，這位「牧羊的孩子」也搖身一變，成為坐擁巨額財富的大富翁。

被譽爲「鄉村聖人」的美國作家約翰．巴勒斯在《醒來的森林》裡曾經這麼寫道：「機會似乎是很誘人的，事實上有很多遙不可及和美好的事物都是騙人的。

最好的機會就在你的身邊。」

的確，機會就在我們的身邊，發現並且活用它的人成了人人稱羨的成功者，毫不留意它存在卻一味埋怨的人，自然只能當失敗者了。

約瑟夫沒有傲人的學歷與家世背景，也不像電影經常出的情節，在深山古墓中挖到大量的寶藏，反而卻是在荊棘叢裡「發現」了讓他一輩子享用不盡的財富，這是不是足夠令我們大吃一驚呢？

然而，他的成功絕對不是偶然的，畢竟我們當中有多少人能在不起眼的地方，甚至是惱人的荊棘叢中，發現足以改變自己一生的創意或理念呢？

約瑟夫在別人不會在意的地方仔細留意，並進一步將從中發現的創意實踐在日常生活應用當中，這就是他成功的秘訣，也是最值得我們學習之處。

動動腦筋，就能點石成金

價值是可以創造的，而非一成不變的，一旦我們有辦法發掘出一件事物的價值，就如同擁有了點石成金的魔法棒。

是否曾想要擁有童話故事中「點石成金」的魔法棒呢？

如果有人告訴你：「我們每一個人其實都擁有這項能夠點石成金的寶物，只不過並不是所有的人都知道該如何去運用它罷了。」你會相信嗎？

其實，信心加上腦筋就是「點石成金」的魔法棒，只要你願意努力，一步一步往自己設定的目標前進，那麼，每一步都能創造奇蹟！

美國有一位著名的收藏家叫諾曼．沃特，有一次看到眾多收藏家為了收購名貴物品而不惜千金時忽然靈機一動，想到一個前所未有的點子——為什麼不收藏一些劣畫呢？

他收購劣畫的兩個標準是：一是名家的「失常之作」，二是價格低於五美元的無名之輩的畫作。沒多久，他便收藏了兩百多幅劣畫。

不只如此，沃特還在報紙上登出廣告，聲稱要舉辦首屆劣畫大展，目的是「讓年輕人在比較中學會鑑賞，從而發現好畫和名畫的真正價值。」

出乎所有人的意料之外，這一個畫展空前成功。沃特的廣告也廣為流傳，成為人們茶餘飯後不可缺少的話題。

觀眾爭先恐後地來參觀畫展，有的甚至不遠千里，專程趕來就為看看這些劣畫究竟是什麼模樣。於是，沃特收藏的劣畫就此名震一時，並為他帶來相當多的名聲與財富。

藝術品所追求的就是「美」，而那些既不美又不優秀的藝術品是不是就失去價值了呢？這個問題的答案，沃特已經告訴我們了。

不只如此，沃特還讓我們知道一件相當重要的事：在這個世界上是不存在「沒有價值的東西」的，因爲一件事物，甚至是一個人的價值，都取決於我們如何看待。因此，只要我們懂得將有價值一面挖掘出來，那麼即使是沒有人要的廢物也能幫我們一夕致富。

價值是可以創造的，而非一成不變的，一旦我們有辦法發掘出一件事物的價值，就如同擁有了點石成金的魔法棒。就如同沃特相信劣畫並非不值一看、不值得收藏的東西，只要能換一個想法，事物的價值便能從中出現。

他的反向思考無疑爲我們提供一支非常寶貴的點金棒，告訴我們只要能善加利用自己的智慧，便足以讓自己受用無窮。

穩健踏實，比一名致富更有價值

別想再依賴那百萬分之一的好運，應該一天天、一步步地努力累積，這樣一來，我們照樣能坐擁百萬財富。

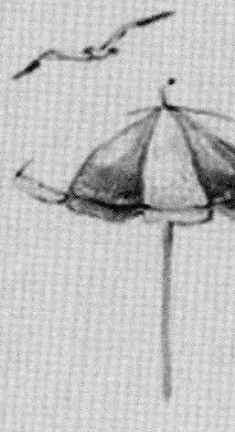

我們曾經聽過許多一夕致富的故事或傳說，故事裡的主人翁總是因爲絕佳的運氣，在很短的時間內得到一大筆財富，成爲億萬富翁；又或者如電視新聞所報導的，因爲一張彩票而扭轉了一生的命運。

相信我們一定聽過不少這樣的事，而希望靠運氣發財的人也從來沒有減少過，也正是因爲如此，才會有那麼多人沉迷於賭博、熱衷於簽注樂透彩，將自己的未來賭在那可遇不可求的「好運」上。

但是，既然那麼幸運中獎的人只有一百萬分之一，那麼其他的九十九萬九千九百九十九個人在希望落空之餘，他們所期盼的未來又在何處呢？

十九世紀中期，美國加州傳來發現金礦的消息，許多人認為這是一個千載難逢的好機會，於是紛紛趕赴加州。十七歲的亞默爾也加入這支龐大的淘金隊伍，與大家一樣，歷盡艱辛才來到加州。

雖然淘金夢是美麗的，但做這種夢的人太多了，越來越多的人蜂擁而至，一時間加州遍地都是淘金客，金子自然越來越難淘，生活也越來越艱苦了。此外，由於當地氣候乾燥，水源缺乏，許多不幸的淘金者不但沒有圓夢致富，反而葬身此處。

亞默爾經過一段時間的努力後，和大多數人一樣沒有發現黃金，反而被飢渴折磨得半死。有一天，望著水袋中一點點捨不得喝的水，聽著周圍人對缺水的抱怨，亞默爾突發奇想：「淘金的希望太渺茫了，還不如賣水呢！」

於是，亞默爾毅然放棄對金礦的執著，將手中挖金礦的工具變成挖水渠的工具，從遠方將河水引入水池，並用細紗仔細過濾河水，將它變成清涼可口的飲用水，然後將水裝進桶裡，再挑到山谷中一壺一壺地賣給找尋金礦的人。

當時，有人嘲笑亞默爾，說他胸無大志：「你這個傻子，千辛萬苦地到加州來，不努力挖金子發大財，卻做起這種蠅頭小利的小買賣，這種生意哪兒不能做，何必跑到這裡來？」

不過，亞默爾毫不在意，不為所動，繼續賣他的水，並且很順利地用幾乎無成本的飲用水進行另一種形式的淘金。

結果，絕大多數淘金者都空手而歸，但亞默爾卻在極短時間內靠賣水賺到不小的財富，穩穩地擁有創業的第一筆資金。

亞默爾沒有那百萬分之一的好運，但他正確的抉擇卻讓他在淘金客的天堂中成功地致富，憑藉的不是他的運氣，而是他的努力與智慧。

水怎麼會比金子更有價值呢？當然會的！當一大群人在河邊奮鬥了好幾天，卻只換來極零散細小、根本不值多少錢的金沙時，亞默爾賣給淘金客的飲水早就爲他賺進可觀的數字，更何況水的來源極爲穩定，也幾乎毫無成本可言，因此自然能爲亞默爾帶來大筆財富。

穩健踏實的亞默爾成功了，聰明的你是不是也受到他的啓發？

亞默爾懂得放棄遙不可及的淘金夢，轉而腳踏實地追求財富，我們是不是也該放棄那一夕致富的妄想？

別想再依賴那百萬分之一的好運，應該一天天、一步步地努力累積，這樣一來，即便我們是那些沒有好運氣的九十九萬九千九百九十九人之一又如何，我們照樣能坐擁百萬財富。

2.

做好準備
就能抓住機會

當命運不如己意的時候，
仍要保持一顆平常心，不斷充實自己，
如果一個人真有才華，
只要能把握機會，必定能夠一鳴驚人。

相信自己，就能激發潛力

成功其實並不難，只要你願意花心思去學習其他的成功者的行事態度，並且相信自己一定能做到。

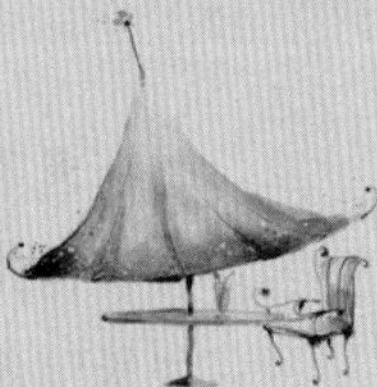

幽默作家蕭伯納曾經告訴我們：「就算你不能統治你的國家，至少你應當設法統治你自己。」

能夠統治自己的人，無疑是最偉大的統治者，一個不相信自己的人，相對的，別人也不會相信他。

人類有百分之九十的潛能，都來自於「相信自己」。

有一個法國人，過了四十歲仍然一事無成，不禁認為自己簡直倒楣透頂了。四十年的生命中，他經歷了離婚、破產、失業……種種不幸的事情。

他不知道自己究竟有什麼生存價值和生命的意義，因此對自己和人生感到非常不滿，不僅脾氣變得古怪、喜怒無常，同時也異常敏感，把大部分時間都花在怨天尤人之上。

直到有一天，遇見一位吉普賽人在巴黎街頭替人算命，他覺得十分有趣，因此上前去試一試，這才改變他的命運。

吉普賽人看過他的手相之後，嘖嘖稱奇地對他說：「你將來會是一個偉人，你很了不起！」

「什麼？」他大吃一驚：「我會是一個偉人，你沒看錯吧！」

吉普賽人平靜地說：「你知道你前世是誰嗎？」

「還會是誰？」他默默地想著：「當然是個倒楣鬼、窮光蛋，像我這種人，註定是不受上帝眷顧的！」

他故作鎮靜地問：「我前世是誰呢？」

「我已經跟你說過了，你將來會是個偉人！」吉普賽人說：「因為你上輩子是拿破崙哪！你體內所流的血、你的勇氣和智慧，都是來自於拿破崙的啊！先生，難道沒有人跟你說過，你跟拿破崙長得很像嗎？」

「不會吧……」他猶豫地說：「我離婚了……也破產了……找不到工作……又幾乎無家可歸……怎麼會是拿破崙呢？」

「那都只是你的過去！」吉普賽人笑著說：「你的未來可真不得了呢！如果你不相信，就不用給錢好了！不過，我告訴你，五年之後，你將會是全法國最成功的人，到時候你再來謝我也不遲！」

身無分文的他，只好裝作極不相信地離開了。但是他的心裡卻湧上了一種前所未有的光榮感覺，他開始對拿破崙感興趣。

只要一有空閒時，他就上圖書館搜尋有關拿破崙的書籍著述來研究。漸漸地，他發現自己周圍的環境開始改變了，他的朋友、親人、同事、老闆，看他的眼神都變得不同了，事情也逐漸順利起來。

後來，他才領悟到，其實什麼都沒有改變，變的只是他自己。他的一舉一動、思維模式無處不在模仿拿破崙，就連走路說話的樣子都像。

到了他五十歲時，他果真成了一位赫赫有名的億萬富翁，到底是不是拿破崙轉世，對他來說已經不重要了。

愛因斯坦曾經說過：「生命會給你所需要的東西，只要你不斷地跟它要，並且在要的時候說得清楚。」

一個人之所以可以成功，是因爲他知道自己想要成爲什麼樣的人，因此對自己的人生充滿信心而，一個人之所以潦倒終身，是因爲他的內心滿是自卑，始終找不到自己的方向。

成功其實並不難，只要你願意花心思去學習其他的成功者的行事態度，並且相信自己一定能做到。

很多時候，只要懂得轉換念頭，就會讓自己充滿信心，發現許多看似困難的事，其實並不值得煩憂；你的心也會因爲這個轉念，變得堅強成熟。

肯定自己，就是成功的第一步

當你體認到自己的價值，你便能夠勇敢接受任何挑戰，大步向前邁進。只要充滿信心，便很容易成功！

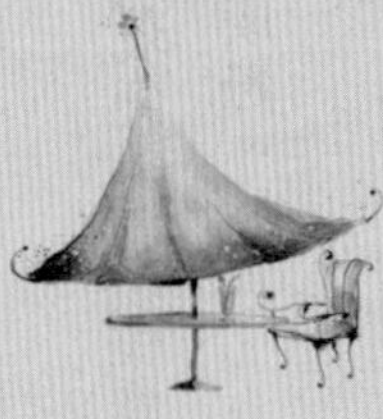

有位哲人曾說：「不要讓昨日的沮喪使明天的夢想失色，因為，每個人都有自己的價值，這個價值只會因你曾經奮鬥過多少次而提升，不會因你曾經失敗過多少次而減損！」

確實如此，只要你能充分體認自己的價值，便不會爲了昨日的不如意而悲傷沮喪，而會樂觀地活在今天，積極爲了達成明天的夢想而奮鬥。

想肯定自己的價值，就必須先喜歡自己。

如果你不喜歡自己，誰會喜歡你？如果你不肯定自己，又有誰會肯定你？找出自己的價值！如此一來，你便會從生活和工作中，看到更開闊的前景，找到原以爲絕不可能屬於自己的快樂與成就感。

二次大戰之後，全球飽受經濟危機的衝擊，其中尤以日本為最，失業人數陡增，經濟十分不景氣。

一家面臨倒閉的食品公司為了提升競爭能力，決定瘦身整合，裁員三分之一。有三種人首當其衝：一種是清潔工，一種是司機，還有一種是沒有任何技術專長的倉管人員。

這三種人加起來有三十多名，經理分別找他們談話，說明裁員的意圖。

清潔工說：「我們很重要，如果沒有我們勤奮地打掃，就沒有清潔乾淨、健康有序的工作環境，那麼其他人又怎麼能全心投入工作？」

司機說：「我們很重要，公司有這麼多產品，如果沒有開貨車的司機，這些產品又怎麼能迅速銷往市場？」

倉管人員說：「我們也很重要，戰爭剛剛過去，有很多人為了溫飽而不擇手段，如果沒有我們負責管理倉庫，公司的這些食品豈不是要被那些流浪街頭的乞丐搶光！」

經理覺得他們每個人說的話都很有道理，權衡再三，終於決定不裁員。

他重新思考了經營與管理策略，並在公司的大門懸掛一塊大匾額，上面寫著：「我很重要。」

從那天起，員工們每天來上班時，第一眼看到的便是「我很重要」這四個字。不管站在第一線的工人還是白領管理階層，都認為公司非常器重自己，因此工作起來也特別賣力。

這句話啟動了全體員工積極奮發的工作精神。經過一年辛勤努力之後，這家公司業務蒸蒸日上，在市場上異軍突起，廣徵人才都來不及了，哪裡還會考慮裁減人員？

法國作家安德烈·馬爾羅在《寂靜的聲音》一書中寫著：「一個人只有在他

努力使自己昇華時，才能成為真正的人。」

一個人想要實踐自己的人生價值，就必須看重自己，看重自己正在從事的工作，全心全力地投入，千萬不要有自卑心理。

當一個人認爲自己是重要的，便能散發出一種容光煥發的表情，整個人也顯得特別有活力。

當一個人認爲自己是重要的，便能讓其他人產生一種值得信賴的感覺。才能固然很重要，但是一個人所表現的態度更加重要。

當你體認到自己的價值，你便能夠勇敢接受任何挑戰，大步向前邁進。只要充滿信心，便很容易成功！

用不同的方式說服頑固的客戶

有時，當所有一般方法都已經嘗試過後，需要的是巧思與創意，說不定只要換一個方式，就能開創出新的局面呢！

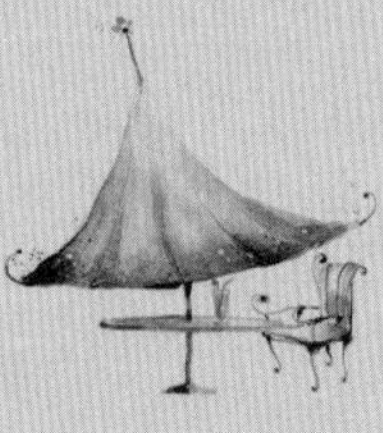

在達到目的之前，可能要經歷許多艱辛和困難，甚至還會遇到許多無法想像的情況，畢竟世上有太多難以預料的事情了，可是，萬一我們剛好遭遇了，又應該如何面對呢？

先看看以下的小故事，再反省自己是否也有如此的毅力與機智呢？

日本保險業著名的推銷大師原一平先生，最初進入保險業的時候曾經有過在三年零八個月的時間內拜訪同一個客戶七十次的紀錄，這件事情是這樣的：

年輕時的原一平從業務部得知了一家專門銷售男性用品的公司總經理的個人資料，第二天就迫不及待地上門拜訪。

開門的是一個看起來相當有涵養的老人，原一平原本猜測他一定是總經理的長輩，因為這位長者在聽完原一平的自我介紹後，彬彬有禮地說：「總經理不在家，請改日再來。」

「那總經理一般是什麼時候在家？」原一平恭敬地問。

「公司的事情很多，我也不太清楚。」老人這樣回答。

原一平又問了其他問題，但老人總是以「不太清楚」推託。

就這樣，在接下來的三年零八個月的時間裡，原一平總共拜訪了總經理七十次，但每次都撲了空。後來，他意外地從一個客戶那裡得知，那位每次對他說「總經理不在，你下次再來」的老人竟然就是那位總經理。

這讓原一平憤怒不已，感到自己被人戲弄了。就算這個老人表明自己的身份並且對他大叫「我不需要保險，你別白費心機了」，也總比每次面帶微笑地推託要好多了，這個令人生氣的老人，白白浪費了他多少時間呀！

怒氣沖天的原一平決定要懲罰一下這個老人。他來到那棟曾去過七十次的高樓，沒想到在一樓時就看到那老人正在清理水溝。原一平雙手抱在胸前，靜靜地等他清完水溝，隨即點了一根煙，排遣心中的鬱悶。

在抽煙的過程，原一平的怒氣漸漸平息下來，他開始靜靜思考與老人會面中的所有對話，心想：「這個老頭顯然不是普通人，所以若真要做成這筆生意，非得用些『非常』手段不可。」

原一平點燃第二根煙時，老人終於開始收拾工具，於是原一平熄了煙並深深地吸了兩口氣，上前攔住那位總經理。

「您好，我是明治保險的原一平，請問總經理在家嗎？」

「唉！真不巧，他剛剛出門了。」

原一平聽到這樣的回答後，大聲說道：「老先生，我知道你就是總經理本人，如果你不想買保險，可以直接拒絕我，為什麼要這樣戲弄我呢？這是在考驗我的耐性嗎？」

「其實，從第一天起，我就知道你是來推銷保險的。」那老人居然露出奸詐的笑容回答著。

原一平聽到這樣的回答後決定冒個險，於是便假裝很生氣地說：「如果我第一天就知道你是總經理，我才不會浪費三年零八個月的寶貴時間，來向一個行將就木的人推銷保險，再說，如果明治保險公司的客戶都像你這麼病弱，可能早就倒閉了。」

「什麼？你竟然如此詛咒我！我難道連投保的資格都沒有嗎？你馬上帶我去體檢，我要讓你知道我絕對夠健康，有資格投保！」老人的聲音也大了起來。

原一平看到自己的話已經激起了這個頑固老人的鬥志，感到目的已經達成，心中不免一陣竊喜，不過他表面上仍繼續推託說：「哼，我才不為你一個人浪費時間呢！不過，如果你們全家和全公司都投保的話，我還可以考慮。」

「好，就這麼決定了，我們明天就去投保。」

於是，最後總經理全家和全公司的人都變成原一平的客戶，他的業績也一下子就破了公司的保險銷售紀錄。

故事裡這位老人的確脾氣古怪，但是，原一平卻在第七十一次拜訪中，成功讓這位老人成爲自己的客戶，靠的就是他在之前七十次會面中所遭到的挫折。

這三年零八個月來多達七十次的戲弄，讓原一平明白無法用一般方式說服這位老人，但他不但沒有就此放棄，反而憑藉著先前失敗的經驗與自己的機智而成功拉到一個大客戶。

人們常說「出奇制勝」，有時，當所有一般方法都已經嘗試過後，需要的是巧思與創意，說不定只要換一個方式，就能開創出新的局面呢！

出身並不會決定你的命運

出身並不會決定一個人的命運，只有對人生的態度才會影響自己的命運，我們的未來握控在自己手中。

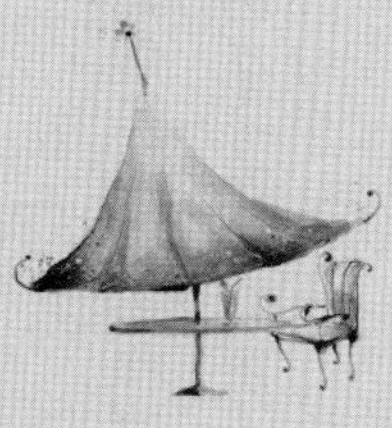

做父母的總是想盡辦法爲子女創造出最好的環境，堅信絕不能「讓孩子輸在起跑點上」，因此，讓孩子上最好的幼稚園、小學、中學，讓他們參加各種才藝班、珠算班、英語班……無論如何也要在孩子小的時候就爲他們鋪設好通往未來的道路。

但是，難道沒有這樣的好環境就無法爲孩子造就出光明燦爛的未來嗎？難道孩子的出身背景就能決定一輩子的命運嗎？

先看看以下這則小故事，或許能讓你用不同的態度看待以上的問題。

「我是住在宮廷裡的孩子，」在丹麥一個兒童聚會上，一個漂亮的小女孩說：「我父親是議院的侍從官，那是一個很高的職位。至於那些姓氏以『森』結尾的人（在丹麥，姓氏以『SEN』結尾代表平民），永遠都成不了大器。所以在他們面前時，我總是兩手插腰以便能跟他們保持距離。」

「但是，」一個記者的女兒插嘴道：「我爸爸可以把你們的爸爸和所有人的爸爸都登到報紙上，我爸爸說各式各樣的人都怕他，因為他可以按自己的想法決定要把誰登在報紙上。」

「唉，要是我能成為他們當中的某一個該有多好呀！」一個透過門縫往裡面偷看的小男孩有些感慨地想。

他是得到廚師允許才能站在那裡的，因為他只是個為廚師做廚房清潔工作的童工，不夠資格參加這場兒童聚會，他與這些人完全不一樣，他的家境非常窮困，而且他的姓氏就是以「森」結尾的。

年復一年，日復一日，隨著時光流轉，當年聚會上的孩子已變成風度翩翩的紳士和高貴典雅的淑女，他們的房子裡有一座金碧輝煌的廳堂，在那裡面佈置了各式各樣精美絕倫、價值連城的藝術品。然而，他們並不知道這些藝術品的作者，就是當年那個怯生生地從門縫裡偷看他們的小男孩。

不過，那個窮困的小男孩現在已經成為偉大的雕刻家了，他就是丹麥藝術家及著名的雕塑《耶穌及十二使徒》的作者托瓦爾森。

命運和出身無關，只和自己的意志與努力有關。印度詩人泰戈爾曾經說道：「正像一個年輕的老婆不願摟抱那年老的丈夫一樣，幸運女神也不願摟抱那些遲疑不決、懶惰、相信命運的懦夫。」

命運不是機遇，而是選擇。人的命運往往是自己造成的，和父母的用心無關，和置身環境的優劣無關，人就是自己命運的設計師。

即使家族或父母可以事先爲孩子預備好康莊大道，但最終的成就還是取決於個人努力。這是一個很簡單的道理，但卻有許多人陷在家世背景的迷思中。

因此，如果我們的人生路途不是很順遂，第一個應該檢討的應該是自己，而不是只會羨慕那些「含著金湯匙出生」的幸運者，或是一再埋怨自己爲什麼不是生在富貴之家。

我們聽過太多出身顯赫但最終卻把家產敗光的故事，也有許多像托瓦爾森這樣憑藉自己力量而功成名就的例子。

出身並不會決定一個人的命運，只有對人生的態度才會影響自己日後的發展，我們的未來握控在自己手中，不論成功還是失敗都要對自己負責。

做好準備，就能抓住機會

當命運不如己意的時候，仍要保持一顆平常心，不斷充實自己，如果一個人真有才華，只要能把握機會，必定能夠一鳴驚人。

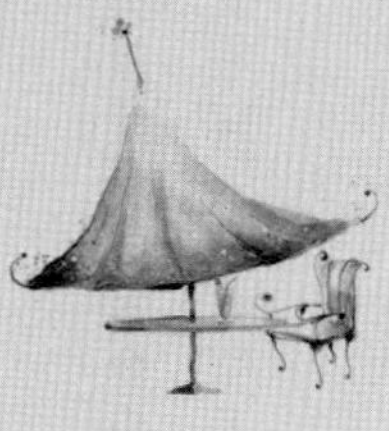

人生不會總是一帆風順，有巔峰必有谷底，有高潮必有低潮。

很多時候，我們會覺得自己的才能受到埋沒，日子過得鬱鬱不得志，於是便開始怨天尤人，甚至日漸消沉。

然而，何必因爲一時的不順利而產生自卑心理？眞正有才能的人不會永遠被忽略，因此，如果你總是覺得無緣遇到賞識自己的伯樂，不妨捫心自問：當時機到來時，自己眞能準確掌握嗎？

卡諾瓦的祖父是一名傑出的雕塑家，由於家風影響，卡諾瓦從小就學習這門手藝，可是，到了卡諾瓦父親這一代時，由於家道中落使得未成年的卡諾瓦不得不外出工作謀生。

他去當地一個貴族家裡當僕人，在廚房裡幹粗活，雖然日子辛苦但他卻沒有怨言。有一天，這個貴族家中大擺宴席，並邀請了一批社會名流，但在開宴之前，管家發現擺在大餐桌上的甜點裝飾品被弄壞了，因此急得不得了。這時卡諾瓦對管家說請讓他試一試，他可以在很短的時間內弄出一個飾品代替。

管家沒有其他辦法，只好先讓他試試再說，只見卡諾瓦以極嫻熟的手法把一大團黃油塑成一尊維妙維肖、威武雄壯的獅子，管家簡直不敢相信這是一個孩子的作品，與高彩烈地把這尊黃油獅子端上餐桌。

結果，這尊獅子成為赴宴的王公貴族們主要的話題，本是大啖美食的宴會也變成黃油獅子的鑑賞會。當有人問這是哪個大雕塑家的傑作時，管家向人們介紹了這位少年——卡諾瓦。

得知這項精美絕倫的作品是個窮小孩倉促間完成的，大家都非常驚訝，紛紛稱讚卡諾瓦的才華。主人覺得這個僕人為他掙足面子，於是當眾宣佈，將出資讓這個孩子進行深造，讓他的天賦得到更大的發揮。

主人沒有食言，卡諾瓦也沒有被幸運沖昏頭，勉勵自己以純樸、勤奮的心認真學習技藝。他明白，這是自己人生中的一大轉折，如果不專心學習，終將一事無成。後來，卡諾瓦果然成為世界上最偉大的雕塑家之一。

卡諾瓦在少年時代就已經擁有優異的才能與技藝，卻因爲家庭因素必須爲人幫傭，但他並沒有被命運擊敗，仍舊盡力而爲、積極進取。

正是因爲這樣，所以當機會來臨時，他才能以嫻熟的技巧、出色的藝術天分打動每一個看到他作品的人。

當命運不如己意的時候，我們仍要保持平常心，用自信代替自卑，並且不斷充實自己。如果一個人眞有才華，那麼，只要能把握機會，必定能夠一鳴驚人。要在適當的時刻展現自己，你，準備好了嗎？

努力才是通往成功的捷徑

只要能夠抱持著「無論如何絕不放棄」的心態，即使是乍看之下幾乎不可能的事，也會有實現的一天。

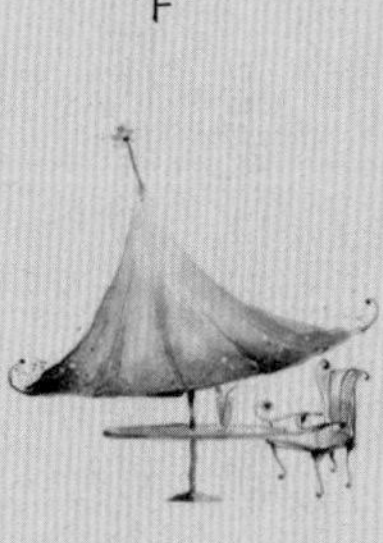

人必須不斷奮鬥，才可能有所成就，正如美國總統富藍克林．羅斯福所說的：「生活就像橄欖球比賽，原則就是奮力衝向底線。」

如果我們總是認爲自己有心無力，有太多辦不到的事情，那我們可能得問問自己：「我是不是眞的已經盡力了？」

在倫敦一個簡陋的馬房裡，住著一名叫麥克．法拉第的窮孩子，靠賣報來維持生計，並曾在裝訂商和圖書出版商當過七年學徒。

有一次在裝訂大不列顛百科全書時，法拉第偶然看見一篇介紹電的文章，對此十分感興趣，便認真地把這篇文章讀完了，並且以書上介紹的方法做出簡單的實驗。有一位顧客被這個小男孩的求知欲深深感動了，於是把法拉第帶去聽著名化學家漢弗萊．戴維的演講。

聽完演講後，麥克．法拉第鼓足勇氣，寫了一封信給這位偉大的科學家，並把自己做的聽講筆記寄給戴維本人審閱。戴維被這個小男孩的勇氣及嚴謹的科學態度感動，於是親筆寫了一封信請他當自己的助手。法拉第看了這封信後萬分激動，畢竟這對他而言是最好的嘉獎啊！

法拉第在良師教導下有了顯著的進步，經過一段時間的觀察和學習，自己也做起了實驗。很快地，因為法拉第超凡脫俗的悟性和突飛猛進的科學成就，許多一流的科學研究人員紛紛邀請這個「窮小子」前去演講。

站在巨人肩膀上的法拉第，攀登上科學的顛峰。最後由於卓越的成就，麥克．法拉第被任命為伍爾韋奇皇家學院的教授，成為他那個時代的科學園地中最瑰麗的一株奇葩。

英國物理學家廷德爾評價法拉第說：「他是迄今為止最偉大的實驗哲學家。」他的導師漢弗萊・戴維先生更是以他為榮，當被問及一生中最大的發現是什麼時，戴維自豪地說：「我一生中最大的發現就是麥克・法拉第。」

成功與失敗之間的分別不是在於才能或環境的差別，而是在做從事的態度。成功者能夠抱持著「無論如何絕不放棄」的心態，所以即使乍看之下幾乎不可能的事，也會有實現的一天，因爲人堅強的意志與信念就是最大力量。

法拉第並沒有受過正規的教育訓練，也不是出身名校的學者，原本在學術領域中的經歷幾乎是零，但卻因爲一心渴求科學與眞理的態度，戰勝他人懷疑的眼光與社會階層的壓力，終於能在科學的領域中開花結果，成爲一代大師。

我們許多時候都因受限於外在因素，而否定了自己的可能性，不過法拉第的故事正好清楚地告訴我們：只要用心追求，總有得到成功的一天。

永不退縮才能戰勝逆境

一個受到幾次挫折就萌生退意的人，會因為頻繁地更換工作，無法在專業領域中累積寶貴的實務經驗，也無法獲得成功。

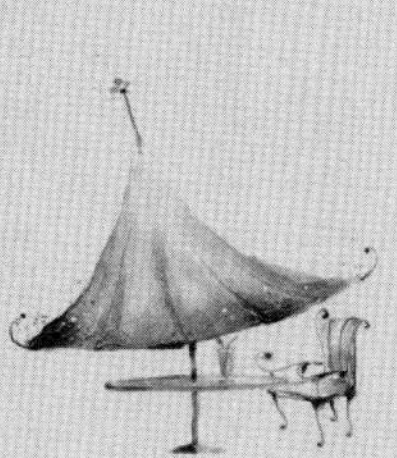

我們常常聽到一些企業主管批評進入職場的年輕人抗壓性不足、穩定性不夠，常常一年之內換了三四個工作，卻總是無法找到最適合自己的領域。

如果這種情形一再發生，那麼應該檢討的，或許不是求職方向與工作環境，反倒應該思考工作態度是否有需要改進的空間。

日本有一位著名的企業家叫市村清，剛從大學畢業進入社會時，決心要做一番事業，然而，畢業後不到兩年的時間裡，卻不得不換了三次工作。這種情況對崇尚職業穩定的日本人而言，簡直是不可思議的事，而且，這三個工作一個比一個辛苦，因此他感到十分失落。

走投無路之際，他進入一家保險公司，做保險推銷員，這項工作不但辛苦，而且又沒有底薪，如果做不出業績來，就一點保障都沒有。

但是，他沒有其他選擇，只好對自己說：「我就暫且先做這份工作吧，等有機會時就立即跳槽！」

雖然他每天一早就出門奔波，但過了很長一段時間，還是連一筆保險也沒做成，眼看家裡的米缸中連一粒米也沒有了，心裡萬分著急。

於是市村清打起了退堂鼓，對太太說：「我一連奔走了三個月，都毫無所獲，所以我想我不應該再做這項工作了，我根本就不適合從事保險業務，我們還是到別的地方去找工作吧！」

看著丈夫有氣無力的樣子，太太沉默了一陣後說：「你若要去別的地方，我當然會和你一起去，但現在距離年底只剩半個月了，請你再努力半個月吧，如果到時還是一事無成，我們再去別的地方好嗎？」

聽完太太的話，市村清深受感動，心想：「一位女子尚且有不退縮的毅力，我怎能如此軟弱呢？我必須繼續努力，不成功絕不罷休！」

第二天，市村清抱著再試一試的想法，硬著頭皮又如往日那樣開始奔波了。但在工作過程中，市村清所湧現的「力量」漸漸發生了顯著的變化。

最初他對保險業務懂得不多，後來才漸漸累積了不少知識；最初他對客戶的消費心理不夠了解，後來他把握了各種人群的消費心理；最初他沒有任何推銷技巧，後來他學習、摸索、領悟了很多實用的訣竅；最初客戶們對保險的認識不夠完整，後來在他不斷介紹下，他們明瞭了保險的意義。

最後，他終於獲得成功，由簽下小筆生意到簽下大筆生意，三個月後，他已成為責任區域中最優秀的保險推銷員了。

人生過程中的失意和挫敗是難免的，但是要設法克服，不能自艾自憐，就像英國詩人雪萊所說的：「如果你十分愛惜自己的羽毛，不使它受一點損傷，那麼你將失去兩隻翅膀，永遠不能夠凌空飛翔。」

想在工作上追求更好的表現，創造更好的成績，「實際經驗」是不可或缺的一環，能夠累積經驗，才能了解工作必須具備各方面的知識與技能，也才能游刃有餘地處理原本不擅長的事項。

一個受到幾次挫折就萌生退意的人，會因爲頻繁地更換工作，使自己無法在專業領域中累積寶貴的實務經驗，這樣一來，不論做什麼工作都難成大事，即使在某方面眞的擁有過人的長才，也無法成就一番事業，無法獲得成功。

以達觀的態度面對世事

學習伍登在每天睡前的激勵法，告訴自己：「我今天表現得最好，明天也會如此，後天也是，永遠都是！」

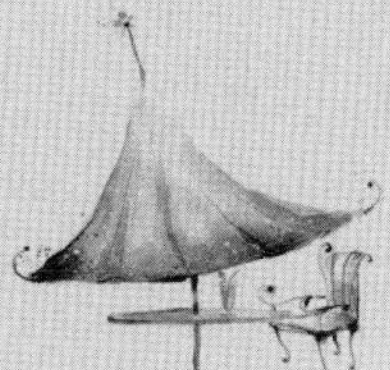

有位哲人勸誡我們：「把今天視為生命的最後一天來生活！」

這不是悲觀消極的想法，而是要我們以更達觀的態度面對世事，拋開人際的糾葛，積極地經營自己生命中的每一天。

伍登是美國有史以來，最成功的籃球教練，同時他也是一位充分運用「自我暗示」的力量，讓自己成功的佼佼者。

當伍登還是個小男孩的時候，他的父親便時常對他說：「讓每一天都成為你的最佳傑作！」

伍登時時刻刻都記著父親留給他的這句話，不管颳風或下雨，這句話讓伍登的每一天都充滿了活力，而且沒有一天例外。即使是生病了，在他的臉上仍然看不出一點病態，全身上下永遠充滿了活力的色彩！

伍登在加州大學洛杉磯分校擔任籃球教練時，十二年之內總共榮獲了十次全國冠軍。當人們問他如何創造這樣輝煌的戰果時，伍登回答說：「我和我的球員，每天都會經歷一個『自我暗示』的過程，而且十二年來從不間斷。」

「什麼叫自我暗示？」人們好奇地問。

伍登說：「每天晚上睡覺之前，我都會對自己說：『我今天表現得最好，明天也會如此，後天也是，永遠都是！』」

人們訝異地問：「只是這樣而已嗎？」

伍登接著用斬釘截鐵地口吻，對著他們說：「讓每一天成為你的最佳傑作，這就是最有效的成功方法。」

伍登運用自我暗示的方法，每天不斷地激發自己的潛能，這也正是許多心理專家一再強調的「潛意識」。「每一天」都是伍登的最佳傑作，因為在每一天的開始，潛意識便會釋放出「我今天一定會表現得非常好」的能量，讓伍登能夠樂觀而自信地經營每一個「今天」。

樂觀與積極是自我暗示最重要的導引，只要相信自己，就沒有什麼事是不可能的；只要相信自己，就能夠充滿勇氣地把雙腳跨出去，機會隨時都將現身迎接。從今天開始，學習伍登在每天睡前的激勵法，告訴自己：「我今天表現得最好，明天也會如此，後天也是，永遠都是！」

作家薩帕林娜曾說：「只有不斷地追求探索，永遠不滿足於已取得的成績的人，生活才是美滿的、有價值的。」

把今天視為生命的最後一天，為了完成那些未完成的夢想，你就會懂得以自信代替自卑。當你體認到自己生命的重要，就變得微不足道。

你才是自己眞正的支持者

再多的奇蹟都是靠自己創造，沒有人能掌控我們的生存機會，也沒有人能支配你我的命運。

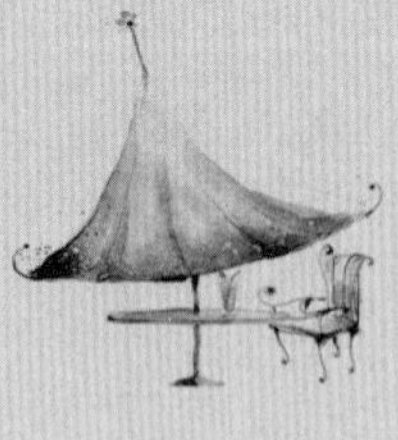

法國文豪巴爾札克曾說：「人類所有的力量，只是耐心加上時間的混合，所謂強者是既有意志，又能等待時機。」

在人生的旅途中，即使得不到別人的支持，別忘了，還有一個永遠守護與支持你的人，那個人就是你自己。

鮑爾斯是十八世紀俄國著名的探險家，他在一八九三年時，與瑞典探險家歐文在斯堪地納維亞半島相遇。

他們兩人對極地風光都很感興趣，相偕一同沿著北極圈考察與探險。他們從瑞典北方出發，身邊帶了三隻狗、兩架雪橇和一張地圖。如果計劃沒有失誤的話，他們一路向東，一共要走一萬五千多里路，九個月便可完成。但是，他們卻花了一年又三個月。

讓他們失算的原因是，在翻越峻峭的山脈時，歐文不小心摔斷了腿。歐文激動地說：「沒有鮑爾斯的幫助，我恐怕已葬身山谷。」

分手時，歐文把隨身攜帶的懷錶送給他，並一再地說：「謝謝。」

這時，鮑爾斯搖了搖頭說：「你要謝謝的人，是你自己！你以一條腿走過最薄的冰層，是你自己用一條腿翻過最狹窄的山道。總之，在絕境中真正幫助你的人，是你自己，我並沒有提供你真正的支援啊！」

謙虛的鮑爾斯後來寫了一封信給歐文，信中他說：「在探險的路上，記住，你就是你自己的神，只有你能掌握自己的命運，沒有人能支配你，也沒有人能阻擋你走到成功的彼端。」

一九〇二年，歐文來到中國，且獨自一個人進入塔克拉瑪大沙漠，並成為第一個活著走出來的探險者。

後來，有人研究他創造奇蹟的原因，許多研究者將它歸結為歐文口袋中的金幣和一個維吾爾人的幫助。

不過，只要知道歐文和鮑爾斯在北極圈那段經歷的人，都會認為這樣的結論有多膚淺。

我們經常在動物頻道裡，看到正在學習展翅的小鳥，鳥爸爸和鳥媽媽並不會牽著牠們，反而是看著鳥兒一再跌落、展翅，直到牠們能用自己的力量，學會了飛翔，牠們才會跟著幼鳥一起在天空高飛！

如果小鳥們耍賴，不願學習飛翔，那麼，牠們永遠只能囚在鳥巢中，等著敵人的侵略。

因爲鳥父母並不會強押著牠們學習，一旦羽翼豐了，便得快速地以自己的力量學會高飛，牠們才能有求生的能力。

人類不也是如此？在遇上險境時，如果只知消極地等待救援，卻不在分秒必爭的黃金時間裡，克服心理恐慌，積極地爲自己尋找逃生的機會，那麼山谷中，便又要多了一個亡魂。

再多的奇蹟都是靠自己創造，沒有人能掌控我們的生存機會，也沒有人能支配你我的命運；人生只有一分的性格是上天注定，其餘的九分只要我們能勇敢走出去，都會有扭轉乾坤的機會。

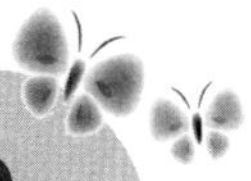

3.

充滿信心，
就會讓生命更堅韌

信心給予生命的不只是一種寄託，
一份憑藉，一項支援，
信心更為生命帶來永遠的堅強和力量。

永不放棄才能獲得成功的契機

不論情況多麼困難，只要我們願意嘗試，就有希望；不論經歷多少次失敗，只要我們不放棄，成功就一定會來到我們的眼前。

有沒有什麼理想，是我們一直嘗試但卻從來沒有達成的？有沒有什麼心願，是我們一直努力卻從來沒有成功過的？

當你在哀嘆自己運氣不好，總是無法達到目的時，或許該反思一下自己是否總是停留在「想」的階段，或是在嘗試時僅碰到幾次挫敗就輕言放棄？

不妨先看看以下這個小故事，也許看完之後你就能明白自己總是失敗、一事無成的關鍵何在。

普魯士國王長期與英格蘭作戰，但每一次都敗北而歸。在第六次戰爭中，他又被打得落花流水，只得躲藏在一處不易被發覺的破茅屋裡，多次失敗的打擊讓他鬱鬱寡歡。

當他帶著失望與悲傷的情緒躺在木床上的時候，無意間看見一隻蜘蛛正在結網。國王為了讓自己解悶並看蜘蛛如何應付，於是伸出手毀壞牠將要結成的網，但蜘蛛對此並不在意，立刻繼續工作，再結一個新網。雖然國王又把新網破壞了，不過牠仍繼續結網。

如此反覆多次，國王開始驚奇了，自言自語道：「我被英格蘭的軍隊打敗六次就準備放棄，難道我連一隻蜘蛛都不如嗎？」

當蜘蛛成功結成第七個網時，國王也終於鼓起勇氣，決定再一次奮鬥，從英格蘭人的手裡拯救他的國家。他重新召集了一支新的軍隊，謹慎並耐心地進行準備，終於打了一次重要的勝仗，成功地把英格蘭人趕出國土。

「人會連一隻蜘蛛都不如嗎？」

自詡爲萬物之靈的人類可能會覺得這樣的問題很愚蠢，但看完上述這個小故事後再思考其中涵意，便能發覺這個問題背後有多深的寓意。

人會自暴自棄、灰心喪志，可是蜘蛛不會；人會彈性疲乏、畫地自限，可是蜘蛛不會，所以，的確人類在許多方面是不如蜘蛛的。也正是因爲人有太多足以阻礙自己的自卑想法，才無法像蜘蛛一樣，即使辛辛苦苦所結成的網被破壞了幾十次、幾百次，仍然能無怨無悔地繼續下去；相反的，有太多人不過受到一兩次的挫折，就輕言放棄了。

不論情況多麼困難，只要我們願意嘗試，就有希望；不論經歷多少次失敗，只要我們不放棄自己，成功就一定會來到我們的眼前。不過，一旦我們停下努力的腳步，那就無異於自己親手把理想與成功的機會埋葬了。

充滿信心，就會讓生命更堅韌

信心給予生命的不只是一種寄託，一份憑藉，一項支援，
信心更為生命帶來永遠的堅強和力量。

人的身體是一部最天然的機器，只要是機器，就有一定的使用期限，就會有隨時壞掉的可能。

機器壞了，可以修理更換，但人的身體壞了，你能怎麼辦？

一位詩人曾說：「信心是半個生命，冷漠是半個死亡。」

一個人是否能健康長壽，關鍵因素固然有許多，但是，充滿對抗病魔的信心絕對是其中重要的一項。

有一位七十多歲的老人，十年前被診斷出患了癌症，醫生預測他的生命最多不會超過兩年。

得知自己罹患癌症之後，老人並不悲傷，始終保持樂觀向上的情緒，拚命與病魔對抗到底。不管病情發生多大變化，不管身體承受多大痛苦，老人從不氣餒和沮喪；積極配合醫院治療的同時，他還努力參與自己能力範圍之內的體能鍛鍊。

一天一天下來，他已經平安度過了十個春秋。

有人好奇地問他，是什麼神奇力量支撐他多活了這麼多年，老人家笑著說：「是信心！每天醒來的第一件事，我就對自己說，我絕對不會倒下去，因為我還有很多事情要做，所以非把病治好不可！」

從養生學的觀點來看，信心是一劑驅除百病的靈丹妙藥。

醫學證明，如果一個人的信心非常堅定而且持久，就可以相對提高抵抗疾病的免疫力。

疾病不僅折磨人的肉體，同時也摧殘人的精神。因此，在病痛的折磨之下，意志薄弱的人往往容易喪失信心，終日恐懼、憂傷，因此會很快被疾病擊垮，使得病情急速惡化。

人的心理影響人的生理，要想戰勝病魔，你必須先要有戰勝病魔的決心！

中國著名的詩人白居易在四十歲那年突然染上重病，一夕之間頭髮皓白，齒牙脫落，身體虛弱異常。

然而，他並沒有因此被疾病嚇倒，反而抱持著戰勝疾病的勇氣和信心，用加倍樂觀的態度對待人生。因此，他才有流芳百世的詩作產生，成為中國文學界長壽老人的象徵。

人到了老年，肉體經歷了幾十年淒風苦雨的摧殘，很難沒有一些病痛纏身。然而，我們的生命或許脆弱，或許不堪一折，但是只要有了對抗疾病的信心，生命就能強韌起來。

信心給予生命的不只是一種寄託，一份憑藉，一項支援，信心更爲生命帶來永遠的堅強和力量。

正如蕭伯納所說的：「信心可以化渺小為偉大，化平庸為神奇。」你可以懷疑命運，但請永遠不要懷疑你自己。

要先有健康的精神，才會有健康的身體。信心是精神的支柱，一個人只要精神不死，就能頑強地活下去，和命運奮鬥下去。

如此說來，信心不僅僅是半個生命，它幾乎是整個生命。

就算最後一幕，也要完美演出

只要能夠堅持到底，那麼不論最後結果會是如何，至少我們能對得起自己，對得起過去曾經付出的努力。

許多人做事常有「虎頭蛇尾」的毛病，往往一開始非常有衝勁、非常拚命，但過一下子就漸漸感到疲乏，到最後根本就只是虛應故事、敷衍了事，一開始的雄心壯志也都成空。

起跑點的輸贏並不那麼重要，輸在起跑點也沒什麼好自卑的。事實上，在終點線之前的最後旅程才是一個人成功與否的關鍵。

被譽為「音樂之父」的著名音樂家海頓，曾經擔任過俄國彼德耶夫公爵家的私人樂隊隊長。

有一天，公爵突然決定要解散這支樂隊，這也意味著包括海頓在內的所有樂隊隊員全部都將失業。樂手們聽到這個消息後，一時全都心慌意亂，不知道如何是好，而且他們知道，公爵決定了的事情是很難再更改的，無論怎樣懇求他，他都不會改變主意。

海頓看著這些與自己同甘共苦多年的親密戰友，心中也挺不是滋味。他想來想去突然靈機一動：「我何不就為最後一次的演出寫一首曲子呢？正好為這一切畫上一個完美的句點。」

於是，他立即譜寫了一首「告別交響曲」，表明要為公爵做最後一場獨特的告別演出，公爵也同意了。

這天晚上，因為是最後一次為公爵演奏，樂手們萬念俱灰，根本打不起精神，但基於過去與公爵相處的情份上，大家還是盡心盡力地演奏。

這首樂曲的旋律一開始極其歡悅優美，把樂手與公爵之間的美好情誼表達得淋滴盡致，公爵也深受感動。漸漸地，樂曲由明快轉為委婉，又漸漸轉為低沉，最後，悲傷的曲調在大廳裡瀰漫開來。

這時，只見一位樂手停了下來，吹滅了樂譜上的蠟燭，向公爵深深鞠了一躬後悄悄離開，過了一會兒，又有一名樂手以同樣的方式離開了。就這樣，樂手們一個接一個地離去，到最後，空蕩蕩的大廳裡只留下海頓一個人。

只見海頓深深地向公爵鞠了躬，吹熄指揮架上的蠟燭，空蕩蕩的大廳立即暗了下來。正當海頓也像其他樂手一樣要獨自默默離開時，公爵的情緒已經達到了頂點。

他再也忍不住，大聲叫了起來：「海頓，這是怎麼一回事？」

海頓真誠地回答說：「公爵大人，這是我們全體向您做最後的告別呀！」

這時公爵突然醒悟過來，流下了眼淚：「啊！不！請讓我再考慮一下。」

就這樣，海頓利用這首《告別交響曲》的奇特氣氛，成功地使公爵將全體樂隊隊員留了下來。

海頓的這首《告別曲》是他最後一次爲公爵演奏的機會，指揮之時心情一定相當不捨與哀傷，但是他沒有被這樣的負面情緒打倒，也沒有因此自怨自艾，反而將這種依依不捨的情感融入曲子裡面，其他的團員們也是抱著感恩與感謝的心情，爲公爵做最後一次的演出。

正是因爲他們這樣誠懇的演出，到最終都要求完美的態度，終於感動公爵那難以動搖的心，讓他終於改變主意。

其實，公爵最後有沒有回心轉意倒不是最重要的事情，因爲海頓與其他團員們這樣積極與認眞的態度，以及堅持到最後一刻的精神，就是一種勝利。

要對自己充滿堅定的信心，只要能夠堅持到底，那麼不論最後結果會是如何，至少我們能對得起自己，對得起過去曾經付出的努力。

堅持到底就一定能獲得勝利

羅曼羅蘭在《約翰克利斯朵夫》中寫道：「人生是一場無休無歇而又無情的戰鬥，只要是人，都得時時刻刻向無形的敵人作戰。」

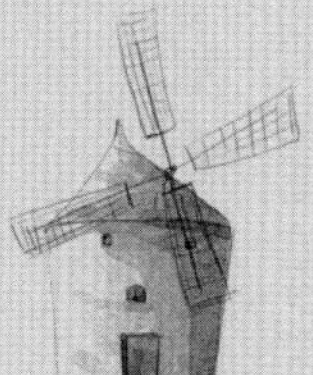

當你千辛萬苦完成一項艱鉅的工作，相信你一定曾經這麼呼喊過：「眞不敢相信，我竟然眞的把它完成了。」

是的，不管做什麼事情，只要掌握正確的方法，努力不懈做下去，就能爲自己創造一個奇蹟了！

有一位俄亥俄州的拳擊冠軍對朋友述說了他的成功經歷。

他在十八歲那一年，第一次奪得州際盃冠軍寶座，那次經歷，一直影響他面對事情的態度。

當時，他的對手已經三十歲了，身高一百七十九公分，已連續三年蟬連全州拳擊的冠軍，是個人高馬大的黑人拳擊手，左勾拳可是令人聞之喪膽。

當時主持人宣佈這位年輕的選手將出場挑戰時，全場觀眾給他的不是掌聲，而是噓聲。

果然不出大家所料，一開始他就被對手擊中，牙齒還被打掉了半顆，滿臉是血的他完全沒有機會回手，甚至連防備都有困難。

中場休息時，他對教練說，他想中途退出比賽，因為這種實力懸殊的比賽無異是拿雞蛋去砸石頭。

教練對著他大吼：「不，你一定行，別怕流血，只要堅持到最後就一定會勝利，我相信你的實力。」

突然，這位年輕選手不知打哪兒來的力量，決定豁出去，當對手的拳頭不斷落在他身上時，他感覺到自己的身體已經不聽使喚了，但他仍然告訴著自己：「堅持，一定要堅持下去！」

不知道是不是他的堅持感動了上天，當然也可能是對手累了，也可能面對他的頑強開始膽怯，他開始有機會反攻。

當時，他的汗血已經流滿全身，模糊了他的雙眼，他只能憑著意志，揮舞左勾拳、右勾拳、長拳、上勾拳，用一記又一記的重拳，朝著眼前模糊的身影擊去。

「是的，我一定能打倒對手！」他不斷為自己打氣。

在最後一剎那，他的眼前像是有無數個對手的身影在晃動，他心裡想，中間那個不晃的影子一定是對手，於是便對準那個身影揮出最後一擊……

接著，教練跳到擂台上抱著他又唱又跳，當裁判舉起他的手時，他這才發現自己贏了，對手倒在台上，而他奪得了冠軍。

法國文豪曼羅蘭曾經在名著《約翰克利斯朵夫》中寫道：「人生是一場無休無歇而又無情的戰鬥，只要是人，都得時時刻刻向無形的敵人作戰。」

鍥而不捨才能創造奇蹟！看完這個拳擊手浴血奮戰的故事，難道你還不清楚生命中的奇蹟怎麼發生的嗎？

人生是個舞台，每個人都得努力演好自己的角色；想要成功，方法只有一個，就是：「堅持下去！」

盧卡斯曾說：「一個人的心有多寬，路就會有多寬。」

心境決定一個人的處境，眼界決定一個人的世界。當我們認爲自己走投無路的時候，只要放寬心胸，相信天無絕人之路，視野就會變得寬闊，即使面臨「山窮水盡疑無路」的困境，也會看出「柳暗花明又一村」的前景。

投入熱情，才能突破工作困境

如果總是抱怨工作不如己意，放棄之前，不妨先試著說服自己喜歡這份工作，對工作投入熱情，也許就能開創出一番新局面！

對許多上班族而言，每天朝九晚五，甚至是晚七、晚八的生活是一種規律，也是一種習慣。不過，每天做著相同的動作、類似的工作，很容易像工廠中一成不變的機器一般，重複著幾乎一模一樣的機械反應。

對這樣的你而言，「工作」是什麼？

難道只是爲了養家活口而不得不進行的勞動？或者像某些人所說的，是「生命中難以承受的有期徒刑」？

如果是這樣，你的人生也未免太悲慘了！何不換個心情去面對自己的工作，把自己的熱情挹注進去呢？

貝格原來是聖路易棒球隊的三壘手，但是在一次比賽中，他的肩膀被球擊傷，不得不終止職業棒球生涯。

離開棒球界後，他找過很多工作，但因為沒有專業知識，也沒有一般工作經驗，這些求職活動都以失敗告終。無奈之下，他到一家公司做起推銷員，因為這家公司的門檻很低，像他這樣沒經驗的人也可以輕易進去。

起初十個月的推銷生涯是貝格一生當中最暗淡、最失意的日子。他處處碰壁、受盡白眼，雖然跑斷了腿，業績還是零。經過冷靜思考之後，他認為「我不是做推銷的料」，準備改行。

就在這個時候，因為一個偶然的機會，他參加了戴爾．卡內基主辦的訓練課程。在訓練期間的某個晚上，貝格上台練習說話，講到一半時，卡內基打斷他的話，問他：「貝格先生，請問你對自己所說的事情充滿興趣嗎？」

「是的，當然充滿興趣！」

「既然如此，你何不說得更熱情洋溢一些呢？假如你不說得更活潑有趣，又怎能吸引聽眾，產生共鳴呢？你下來吧，我來替你說。」

之後，卡內基上台代替貝格說話，他還是採用貝格原來的談話內容，但措詞、音調及動作與貝格截然不同，他說話的時候熱情洋溢、魅力十足，令台下的聽眾如癡如醉。

貝格驚詫萬分，立刻頓悟：「卡內基說的內容和我完全相同，可是效果卻完全不同啊！原來，熱情這麼重要！」

從此以後，貝格決心留在推銷行業，並在推銷中貫徹「熱情洋溢」幾個字。經過一段時間的努力，他終於突破僵局，最終成為一名推銷大王。

「熱情洋溢」這幾個字讓貝格在工作上脫胎換骨，以完全不同以往的心態積極從事他的工作，終於能在另一個領域開花結果。

在我們抱怨老闆、抱怨同事、抱怨客戶、抱怨工作環境之前，不妨先問問自己：對於這個工作自己有多少熱情？

我們夠熱愛它嗎？我們能從中得到滿足與樂趣嗎？我們積極付出了嗎？

仔細想想以上那些問題，也許你就能了解自己工作不順利的關鍵何在。

如果你總是抱怨工作不如己意，並且打算轉換跑道，那麼，在放棄這份工作之前，不妨先試著說服自己喜歡這份工作，試著對工作投入熱情，也許就能開創出一番新局面！

相信自己，竭盡全力

在抱怨自己不受幸運之神眷顧、與成功無緣時，不妨反過來思考一下自己是否已經竭盡全力了呢？

《青鳥》的作者梅特林克曾經在著作中寫道：「人生就像一張潔白的紙，全憑人生之筆去描繪。玩弄紙筆的人，白紙上只能塗上一灘髒亂的墨跡；認真書寫的人，白紙上才會留下一篇優美的文章。」

確實如此，人生可以燃燒，也可以腐朽，全看自己的心態如何。

每個人都想追求成功，然而並非每人都能成爲成功者，到底「成功」和「庸碌」的差異在哪裡呢？

看看以下的小故事，自能了解造成差異的關鍵因素何在。

一八二八年，十八歲的伯納德．帕里希離開了法國南部的家鄉，那時他「一本書也沒有，只有天空和土地為伴，因為它們對誰都不會拒絕」。當時，他只是一個不起眼的玻璃畫師，然而內心卻懷著滿腔藝術熱情。

有一次，他偶然看到一個精美的義大利杯子，旋即被它迷住。從那時起，他過去的生活規律完全被打亂，內心被另一種激情佔據——他決心要發現瓷釉的奧秘，看看它為什麼能賦予杯子那樣迷人的光澤。

此後，他自己全部的精力都投入到對瓷釉成分的研究中。他自己動手製造熔爐，但第一次以失敗告終。後來，他又造了另一個，這次雖然成功了，可是這個爐子既耗燃料又耗時間，讓他幾乎耗盡全部財產，最後因為買不起燃料，無奈之下只能用普通火爐。

這時，失敗對他而言已是家常便飯，但每次失敗後總是迅速振作起來。最終，經歷無數次失敗之後，他燒出色彩非常美麗的瓷釉。

為了改進自己的發明，帕里希用雙手把磚頭一塊一塊地疊起來，建了一個玻璃爐，可是，連續高溫加熱了六天也未見瓷釉熔化。

當時他已經身無分文了，只好向別人借錢買陶罐和木材，並想出更好的助熔劑。他再次開始實驗，然而，直到燃料耗光也沒有任何結果。

於是，他跑到花園裡，把籬笆上的木材拆下來充當柴火，但實驗仍然沒有任何成果；然後，他把家具也拆下來當成柴火，但實驗還是沒有成果。

最後，他把餐具室的架子一併砍碎，扔進火爐中。

奇蹟終於發生了，熊熊的火焰一下子把瓷釉熔化了，伯納德·帕里希終於揭開瓷釉的秘密。

爲什麼有人能在事業上獲得成功，而其餘的人卻不行？也許對於成功的執著程度正是其中的關鍵。

帕里希對成功的執著，到了令人匪夷所思的地步；他賣掉自己所有家產、向他人借貸，直到最後連籬笆、傢俱都拆掉了，就只是爲了把火提升到足夠的溫度，爲了將瓷釉的秘密發掘出來。

在他努力的過程中，他始終竭盡全力、毫無保留地追求目標，不理會別人的觀感，且從未被失敗擊倒，這點正是他最終能獲得成功的原因。

所以，在抱怨自己不受幸運之神眷顧、與成功無緣時，不妨反過來思考一下自己是否已經竭盡全力了呢？如果還沒，就盡力放手一搏吧，那你會發現成功就在不遠的前方。

多用腦袋，才不會被淘汰

將尚未來到的資產化為對自己有利的條件，是非常聰明的辦法，但必須努力工作且深思熟慮，以確保「未來」正如同預期。

自信會照亮你的心靈，讓你的內心絢麗光亮，萌生「未來之力」。

「未來之力」是什麼呢？

那是指預先挪用未來的成果，將尚未來到的時間轉化成對自己有力的條件，但要注意的是，「未來之力」的成功魔法與信用破產僅是一線之隔，而其中的關鍵正是自身的努力。

丹尼爾．洛維格於一八九七年六月出生在美國密西根一個叫南海溫的地方。十多歲時，他的父母分居，他跟隨父親到德克柯斯一個叫阿瑟港的小城。

洛維格自小就對船舶十分著迷，高中未畢業就輟學到碼頭找工作。經過幾年的漂泊，他進到一家航運工程公司工作，這段期間，他開始利用晚上的時間兼職為船舶安裝各種引擎。

十九歲的時候，他接的兼職工作太多了，讓他心力交瘁。於是，他辭了工作，開始獨自創業，但在之後的二十多年裡，他的事業一直起起伏伏，不但沒有獲得成功，反倒背了一屁股債。

直到年近四十歲時，他意識到自己的創業觀念有問題，必須徹底改變，於是，他決定拋棄僅僅依靠自我積累的做法，而去借助外力。

當時，洛維格想貸款買一艘貨輪，然後把它改裝成油輪，因為運油比運貨物更賺錢。可是，每一家銀行都拒絕借錢給他，因為洛維格根本一無所有，無法提供貸款所需的擔保物。於是，他發現借助外力並不是一件容易的事情。

碰壁多次之後，洛維格想到利用「未來之力」來促成夢想。於是，他把自己未來才可能擁有的船「挪」到了現在。

第二天，他來到紐約大通銀行對經理說，他現在有一艘老油輪，正租給一家信譽良好的石油公司使用，希望銀行貸款給他，他會用油輪的租金來償還貸款利息。因為有一艘老油輪，而且那家石油公司信譽良好，所以大通銀行沒有要求他提供擔保物，直接把款項借給他。

為了不讓銀行識破他的「未來之船」，他拿到錢後立即購買了早已物色好的一艘老貨輪，迅速把它改裝成油輪，並立即包租出去，使「未來之船」成為「現實之船」。接著，他再用這艘油輪抵押，貸到第二筆款，買下第二艘貨輪，並把它改裝成油輪包租出去。

第一次利用「未來之力」就獲取成功，使他產生再次利用「未來之力」的想法，不過，這一回他把想法明明白白地告訴銀行。

他先設計好一艘油輪，在安放龍骨之前，就找好一位願意在船造好之後承租它的客戶並簽下包租合約。有了包租合約後，他來到銀行申請貸款以便建造這艘油輪。他申請的貸款方式是「延期償還貸款」，在這種方式下，船下水之前銀行只能收回少量貸款，或者不收回貸款，而在船下水之後，再將租金付給銀行，當貸款付清之後，洛維格就可以擁有船的全部產權。

他的構想一提出，就嚇到銀行經理了，因為誰也不曾這樣做過。但在仔細估算之後，銀行經理覺得這個方案對銀行十分有利，並且風險也不大，於是同意洛維格的貸款申請。

之後，洛維格一次又一次地將利用「未來之力」的經驗複製到其他事業上，最終擁有了一間非常龐大的跨國公司。這間公司涉足許許多多產業，其中包括信貸公司、旅館、辦公大樓、自然資源開發經營公司、石油化學工業公司……等等，此外，他還擁有一支和希臘船王的船隊媲美的世界性船隊。這都是他巧妙借助「未來之力」的成果。

大家都知道二十一世紀是知識經濟的天下，不論從事什麼行業都必須動腦，肯動腦的人會躍爲衆人羨慕的「成功者」，如果還懵懵懂懂，就會被飛速發展的世界淘汰，變成人人嘲笑的「失敗者」。

面對激烈的競逐，蘇聯教育家克魯普斯卡雅告訴我們：「應該學會用腦子和雙手工作，生活需要活用知識，正如戰爭需要槍砲一樣。」

像洛維格這樣，將尚未來到的資產化爲對自己有利的條件，是非常聰明的辦法，但更重要的是，他除了充滿信心之外，還必須努力工作且深思熟慮，以確保「未來」正如同他所預期的。否則，一旦中間任何一環節出錯，「未來之力」不但無法幫助他，反而會使得他言而無信、信用破產。

洛維格運用「未來之船」爲他帶來了成功與財富，但我們更應該記住他是如何巧妙地利用「未來之力」這個想法，以及他將想法付諸實行的努力。

面對困境，要冷靜因應

當上天將一扇窗關閉時，其實正為我們開啟另外一扇人生的門扉。只要保持自信、冷靜分析與思考，就能順利將那扇門打開。

近幾年，全球性的經濟不景氣讓許多人面臨失業的困境，其中更有許多年紀已經不小、在先前任職的公司也待很長一段時間的「中年失業者」。

他們比起年輕人有著更沉重的生活和家庭壓力，同時又自認不具有年輕人的可塑性與活力。因此，失業對他們來說有如晴天霹靂，許多這樣子的失業者從此一蹶不振，再也無法回到職場了。

但是，難道失業真的等於絕路一條嗎？

絕對不是！只要拋開自卑心理，對自己的能力充滿信心，不再自怨自艾，就能找到更寬闊的未來。

這一天，四十九歲的伯尼·馬庫斯像往常一樣拎著心愛的公事包去公司上班。在他二十年的職業生涯中，他兢兢業業才爬到令人羨慕的經理職位，只要再工作十一年，就可以安安穩穩地拿到退休金了。

然而，他萬萬沒有想到，這一天卻是他在公司工作的最後一天。

「你被解僱了。」老闆將他叫到辦公室，這麼對他說。

「為什麼？我犯了什麼錯？」他既驚訝又疑惑地問。

「不，你沒有犯錯，是公司因應不景氣，董事會決定裁員，僅此而已。」

他在一夜之間從一名受人尊敬的公司經理成了一名在街上流浪的失業者。

和所有的失業者一樣，沉重的家庭開支迫使伯尼·馬庫斯必須儘快找到工作。

那段日子裡，他常去洛杉磯一家街頭咖啡店，一坐就是幾小時，以此排解內心的痛苦、迷茫和巨大的精神壓力。

有一天，他遇到了老朋友亞瑟．布蘭克，亞瑟與馬庫斯一樣曾是經理，但現在也同樣遭到解僱。兩個人互相安慰，一起尋求解決的辦法。

「為什麼我們不自己創辦一家公司呢？」

這個念頭像火苗一樣在馬庫斯腦中一閃，點燃了壓抑在心中的熱情和夢想，於是，兩個人就在這間咖啡店裡策劃建立新的家居倉儲公司。

兩位失業的經理人為企業制定了一份發展計劃和一個「擁有最低價格、最優選擇、最好服務」的理念，並制定出使這優秀理念得以成功實踐的管理制度，然後，就開始著手創辦公司。

這一年正是西元一九七八年的春天。

他們創辦的就是美國家居倉儲公司。在僅僅二十多年，這家公司就發展成擁有七百七十五家分店、十六萬名員工、年銷售額超過三百億美元的大企業，成為全球零售業發展史上的一個奇蹟。

漫長的人生旅途中，不論工作方面或生活方面，都難免遇到危機。

不過，所謂的危機不一定就是壞事，只要能用靈活的頭腦思考，然後以正確的方式因應，那麼危機不但不可怕，說不定還會是個重大轉機，讓受到束縛的自己破繭而出呢！

這個故事讓我們知道事在人爲，即使是在最黑暗的時候，仍然不要放棄希望。同時，我們更不要忘記，當上天將我們面前的一扇窗關閉時，其實正爲我們開啓另外一扇人生的門扉。

我們只要保持自信、冷靜分析與思考，就能順利將那扇門打開，而且那道門後面必定是一條康莊大道。

只要肯動腦，就一定做得到

即使握有的資源並不豐富，只要能好好利用充滿巧思的頭腦，並且認真努力去計劃與執行，那又有什麼是我們做不到的呢？

如果你身無分文，又沒繼承房子土地，也非什麼名校畢業，更沒有過人的技能，那你能做些什麼？

事實上，一個這樣子的人物是有可能成爲地產開發公司的董事長的，這不是神話，日本商人見村善三就是如此。

不妨先看看以下的小故事，你就會了解他成功的關鍵。

為了開發房地產，為地方也為自己謀取利益，見村善三專門對土地進行深入的調查，發現工業化社會中真是寸土寸金，而且昂貴的地價使許多想創業或想開工廠的人畏縮不前。

此外，他也發現，在都市外圍的土地就沒有那麼昂貴，其中也有些比較便宜，它們或是圈在別人土地中的死地，或是交通不便的僻地，或是賣不出去的廢地，但這些都是值得開發利用的土地。

於是，他腦海中便逐漸形成一個絕妙的「借雞生蛋」計劃——借用這些廉價土地，租給需要辦廠而缺少廠房的人。

見村善三立即行動，逐一拜訪了廉價土地的主人，向他們提出改造和利用的計劃，土地不必賣出，而是由見村善三負責在上面建造廠房再租給企業家，地主則可以從見村善三手裡每月坐收相當於單純出租土地十倍的租金。地主們聽到這些誘人的條件後，自然樂觀其成。

土地問題解決了，就要找需要廠房的企業家，因此見村善三立即成立見村地產開發公司，積極推銷業務。因為在廉價土地建造的廠房，租金要比市區便宜得多，要找到客戶並不困難。

見村很快就把自己、地主、企業家三家的利益分配關係明確公佈出來：見村從租用廠房的企業家手中收取租金，扣除租用工地代辦費和廠房分期償還金，所剩即為地主收入，換句話說，廠房租金和土地租金的差額再減去建廠房的費用，所剩金額即為見村的收益。

地主、企業家覺得分配方案既合理又誘人，很快便與見村簽約，之後見村善三向銀行貸款，開始蓋廠，且嚴格遵守銀行的貸款規定定時還款。

不出見村所料，這種「借雞生蛋」的做法，不但為地主、企業家、銀行和自己帶來利益，還為地方經濟帶來繁榮，因而得到社會各方面的大力支持和好評。見村地產公司的業務也快速增長起來，僅一年的收入即達二十多億日圓。

資金雄厚後，見村就不再需要貸款了，而且由於企業家和地主紛紛上門洽談業務，使見村善三從建造小廠房發展為建造大廠房，進而營造起佔地廣闊的工業區來。就這樣，見村善三最終成了一個大富翁。

靈活的頭腦、充滿創造力的思維，以及將想法化爲現實的行動力，都是在商場上致勝的法門。

像見村善三這樣的人物，所憑藉的就是上面那幾項「本事」，最終成爲成功的企業家。然而，這幾種能力都不是任何名校或出身背景能提供給我們的，必須靠自己用心摸索，然後靈活運用。

只要你對自己充滿信心，就不會再自卑、徬徨、焦躁、迷惘、盲從。

即使自己手上握有的資源並不豐富，只要我們能好好利用充滿巧思的頭腦，並且認眞努力去計劃與執行，那又有什麼是我們做不到的呢？

4.

在關鍵時刻
讓自己更出色

朗費羅曾說：

「我們是以自己有能力做什麼事來評斷自己，

但別人卻以我們已經做了哪些事來評斷我們。」

在關鍵時刻讓自己更出色

朗費羅曾說：「我們是以自己有能力做什麼事來評斷自己，
但別人卻以我們已經做了哪些事來評斷我們。」

每個人都想要當一個聰明人，卻往往很少人懂得要如何在適當時候，展現自己的聰明才智。

即使孔雀具備色彩斑斕的羽毛，如果不知道該在什麼時候開屏，終其一生，也只是一隻平凡無奇的小鳥。

想要飛上枝頭成爲鳳凰，就要抓緊平步青雲的好時機，在關時刻讓自己表現得更加出色。

威爾遜曾經寫道：「要有自信，然後全力以赴，假如有這種信念，任何事情十之八九都能成功。」

的確，一個人倘使沒有自信的話，人生就索然無味，必須切記，我們的人生，會隨著我們的自信多寡，而具有多少價值。

鐵血宰相俾斯麥在普法戰爭勝利後，須贈十字勳章給所有有功的戰士。

俾斯麥手持十字勳章，親自為一名士兵佩戴。在佩戴的過程中，他隨口問道：「如果你沒有錢，你會認為一百元比這個勳章重要嗎？」

這名士兵想了一下這個問題，恭敬地回答：「長官！據您所知，這枚勳章的價值在哪裡呢？」

「喔！這個……它的價值大概是榮譽吧！不過這個榮譽只值三塊錢喔！」俾斯麥回答，並幽默的一笑。

士兵聽了，不慌不忙地回答說：「那麼長官，我想，我要這枚勳章和另外的九十七元。」

鐵血宰相一楞，接著哈哈大笑。他十分佩服這名士兵的聰明機智，不由得對他多看了兩眼。

從此，這名士兵的官運也飛黃騰達了起來。

這位士兵在俾斯麥的威儀下，仍毫不畏懼地展現自己的機智，自然引來大家的刮目相看。

許多人「在家一條龍，出外一條蟲」，空有一身武藝，卻總在上台時怯場，以致演出失常，吸引不了伯樂，這怪得了誰？

每個人的一生中都有幾次「關鍵時刻」，你平時累積的才華、技藝都是爲了這些時刻所準備。

眞正能夠技壓群雄的人，不一定具備一百分的實力；他可能只有九十分，卻能適時而充分地展現這九十分，也因而打敗了那些具有一百分實力，卻只表現出八十分的對手們。

美國詩人朗費羅曾說：「我們是以自己有能力做什麼事來評斷自己，但別人卻以我們已經做了哪些事來評斷我們。」

你是個什麼樣的人，最終是別人說了算！你又怎麼能不好好把握每一個表現自己的機會呢？

義大利詩人但丁曾經說過：「能夠使我漂浮於人生的泥沼中，而不致墮落的，是我的自信心。」

其實，人認爲你是那一種人，並不要緊，重要的是你自信自己是那一種人，因爲，衡量自己是否有能力，應在於你的自信心如何？也就是只要你認爲你能夠，你便能夠，你認爲你不能夠，你便不能夠。

意志，是最神奇的力量

在現實生活中，類似的奇蹟也經常發生。我們會認為它老套，是因為我們看到了所有的過程，而見不到那個神秘的「意志」。

「意志」是無形的，只有在人們遇到苦難、病痛時，它才會突然出現。不要因爲看不見它而忽略了它的存在，只要你願意相信，你就能在需要的時候，感覺到它神奇的力量。

一天早上，從事進出口貿易的鮑伯出門時，遇到了三名持槍的歹徒。歹徒們把他帶到荒郊野外，不僅搶奪了他身上所有的財物，還在慌亂之中開槍射中他的腹部。鮑伯當場血流如柱，歹徒們一看情勢不對，紛紛落荒而逃，獨留他一個人在草叢裡掙扎。

幸運的是，鮑伯十分鐘後就被好心的路人發現了，及時將他送進急診室裡。雖然當時他已經奄奄一息，但是經過長達十八個小時的手術，終於得以保住性命。事後，他回憶這段經歷時說道，當他受了傷躺在草叢中的時候，不斷告訴自己絕對不可以死，拼命按住傷口，努力想著過去那些開心的事情，不讓自己睡著。

當醫護人員把他推進手術室時，他從他們的臉上看到了絕望，知道他們並沒有信心把他救活，因為他們看著他的表情像看著一具屍體一樣。他想，自己一定得設法做點什麼才行。

這個時候，有個護士問他有沒有對什麼東西過敏，他點了點頭，所有的人也都停下來等待他的答案。

他深深地吸了一口氣，然後用盡全身的力氣大喊：「子彈！」

全部人都笑了出來。隨後，鮑伯告訴他們他還想要活下去，請把他當成一個活人來救。在鮑伯被推進手術室前，醫生曾經告訴家屬手術成功的機會只有百分之十，結果證明了，只要你選擇這百分之十，再加上充足的信心，它就可以變成百分之百的成功。

電影裡常常會有這種情節，披著白袍的醫生告訴昏迷病人的家屬說：「我們已經盡力了，接下來就要靠病人自己的意志了。」

然後，千篇一律的，病人總是會奇蹟似的從昏迷中甦醒過來，一家人喜極而泣，氣氛和樂融融。

不要以爲這只是電影爲了賺人熱淚所刻意營造的情節，在現實生活中，類似的奇蹟也經常發生。

我們之所以會認爲它老套，是因爲我們看到了所有的過程，而見不到那個神秘的「意志」，那分無論在多麼無助的情況下，都仍然存在體內主宰我們的神奇力量。只要你願意努力，就一定能憑著自己的意志創造奇蹟。

別把自己限在過去的框框裡

觀眾不看了，有更年輕的人選取代你了，你再怎麼留戀這個舞台，也必須下台，這個世界就是這麼現實。

傑克．尼克勞斯曾經寫道：「一個成功者，大部份的成就來自於他人不斷提昇自己的抱負與期望。」

人沒有什麼好自卑的，何必浪費時間在乎別人如何「小看」自己，應該將這些時間用來充實自己，去做別人原本認爲自己絕對做不到的事。

人生的舞台不只一個，你所能扮演的角色也不只一個，一齣戲演完了，你可以再演另一齣，何必把自己限在過去的框框裡呢？

歲月不饒人，運動員的生涯是很短暫的。帕特．萊里原本是個受萬人矚目NBA球員，在年歲漸長、體力也逐漸走下坡之後，他被毫不留情地趕出了NBA。

鎂光燈下的星星一旦失去了耀眼的光芒，那麼只會被當成一顆擋路的隕石，人很現實，人生更是不得不現實。

帕特．萊里離開了他長久以來習以為常的生活世界，這意味著他同時得離開自己生命中的一部分，朋友、同事、一分引以為傲的職業、一個安定無虞的生活。這些更意味著奮鬥了這麼多年之後，他將一無所有，再度歸零。

帕特．萊里很痛苦，他無法接受這種改變，心裡滿是怨氣，他花了好長一段時間自艾自憐，還試圖用酒精麻醉自己。直到有一天，他突然想到，如果當初自己沒有成為一位運動員，那麼他將會成為什麼呢？他也曾經有過其他的夢想，嚮往不同的生活，如今，該是實現這些可能的時候了！

他想起自己小時候曾經是個忠實的小球迷，但他從沒想過有一天自己也能站在場上發光發亮，當時，他最大的願望就是成為球場的清潔工，每天可以看到許多運動場上的大明星，於是他想著：「為什麼不趁現在去替自己圓夢呢？」

帕特．萊里立定志向之後，重新回到球場，不過這一次，他是用不同的身分，他從最低層的職務開始做起，先是做巡迴賽秘書，然後做湖人隊比賽的球評。

一年半之後，他簽約擔任了助理教練，憑著他傲人的球技與經驗，不到兩年的時間，他就成了湖人隊的總教練。

帕特．萊里在投籃失利之後，並沒有懊悔太久，立刻轉身用最快的速度接下籃板球，結果他贏了，因爲他把握了每一次投籃的機會。

在人生的舞台上，無論你扮演的是哪一種角色，最後都難免會有曲終人散的時候。即使你演得再怎麼得心應手，觀衆不看了，有更年輕的人選取代你了，你再怎麼留戀這個舞台，也必須下台，這個世界就是這麼現實。

不過，你不必自怨自艾，不妨靜下來想一想，你還能做什麼？

用自信代替自卑，勇敢地踏出第一步吧！你會發現，其實世界很遼闊，你的未來仍然掌握在自己手中。

步步爲營，才不會掉入陷阱

心理的強度是最終能否獲得勝利的重要關鍵，唯有步步為營、穩健地實現計劃的人才能獲得最後勝利。

古羅馬思想家西塞羅曾經寫道：「人拋棄理智，就要受到情緒支配，脆弱的感情氾濫到不可收拾，就像一艘船不小心駛入深海，找不著停泊處。」

當我們不斷驅策自己走在競爭的道路上，有一句話我們時時都要牢記：一時的失意未必是眞正的失敗，一時的得意更未必是眞正的成功。

只有到最後都步步爲營的人，才能穩健地歡呼收割。

一九七二年的一場國際象棋爭霸賽中，一名叫巴比．費雪的選手利用先犧牲的心理策略，成功戰勝了他一直無法超越的史帕斯基，取得了冠軍。

那是一九七二年五月，當天比賽就要開始了，但巴比．費雪遲遲沒有露面，讓他的對手史帕斯基等得心煩意亂。

最後，在開賽前一分鐘，費雪終於來了。但他一來就抱怨這抱怨那，一會兒說大廳的燈光太刺眼，一會兒說攝影機的聲音太吵，一會兒說椅子不舒服。在第一局比賽中，費雪開局不久就下了一步爛棋，一步他下棋生涯中最差的棋，這步棋更顯示出他打算棄子投降的樣子。

在史帕斯基眼中，費雪是一個從來不棄子投降的人，但是這一回卻大出他意外之外，費雪真的棄子投降了。

第一局失利之後，費雪的抱怨更多了，不論什麼事都要挑出無數的毛病來。這些抱怨讓史帕斯基認為費雪的心態很糟糕。

第二局比賽，費雪又沒有準時出場，受到取消第二局出賽權的處罰。這時，史帕斯基更加堅定地認為費雪已經心神不寧了。

在第三局開時始，費雪又犯了一個很低級的錯誤，下了一著爛棋，讓史帕斯基感到十分困惑。然而，就在史帕斯基困惑之際，費雪已經取得了勝利，史帕斯基連自己是怎麼輸的都不明白。

接下來，輪到史帕斯基犯了非常不應該的基本錯誤。下到第六局時，史帕斯基因為輸棋而流下眼淚；下第八局時，史帕斯基終於明白費雪是運用先犧牲的策略來擾亂他的心神，讓他困惑，他在心理上和策略上已經輸給費雪了。

事實上，費雪的心態從一開始就很好，只不過一直都在偽裝，遲到、抱怨、輸棋和受處罰都是表演出來的。倒是從來沒有輸過的史帕斯基，經過這些擾亂，心態卻變糟了。

下第十四局時，史帕斯基甚至懷疑自己遭到「暗算」，聲稱自己喝的橘子汁被人下藥，還覺得空氣中有某種令人窒息的化學物質，甚至懷疑有人在他的椅子上動手腳，讓他感到非常不舒服。

可是，飲料和空氣都接受了專家的檢測，甚至還替椅子做了X光檢查，卻沒有找到任何不正常的地方。他居住的地方也做了周密的搜索檢查，除了發現兩隻死蒼蠅外，什麼也沒有發現。

專家的檢測結果並沒有讓史帕斯基的心神安寧下來，甚至產生了幻覺，最後不得不中途認輸。這一仗，他不僅輸給了從來沒有戰勝過他的巴比．費雪，而且輸了一生的棋業，不久他退出棋壇，從此一蹶不振。

想獲得成功，就必須增強自己的心理素質，用平常心面對眼前各種惱人的事情。因爲，一旦讓情緒支配了一切，人的理性與智力就會變得無能。

論棋藝，或許兩人旗鼓相當，甚至史帕斯基還比費雪強上一些，但是最後的結果，卻出乎衆人意料之外。歸結其中原因可以發現，史帕斯基其實並不是敗給了費雪，而是輸給了自己。

因爲若不是他掉入費雪的心理陷阱，這場棋賽應該是他的囊中物。或許，我們會對史帕斯基有些同情，並認爲費雪的計謀未免有些卑鄙，然而，現實人生與這場棋賽一樣，心理的強度也是最終能否獲得勝利的重要關鍵，唯有懂得增強心理建設，穩健地實現計劃的人才能獲得最後勝利。

開發獨創性的想法

想要成功致富，就必須開發出獨創性的想法，並且積極執行。只有不斷翻轉自己的大腦，才有可能從豬頭變龍頭。

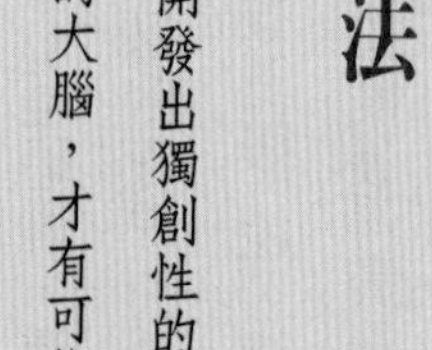

想要成功致富，就必須開發出獨創性的想法，並且積極執行。只有不斷翻轉自己的大腦，才有可能找到新的出路。

美國古生物學家奧斯本說：「能注意事勿的各個方面，就能多方面發掘問題。經常如此訓練自己的頭腦，就能產生獨創性的構想。」

致富的路徑有千千萬萬條，不過，好不容易找到成功致富的途徑後，更重要的是要如何規劃它、實踐它。

看看下面這則故事，也許盧伊茲成功的例子能給你一些啟發。

巴西有個名叫盧伊茲．卡洛斯．布拉沃的企業家到劇院裡觀看演出，有一次，他看到一個說笑話的節目，不禁被演員所講的笑話逗得捧腹大笑。

大多數觀眾笑完後就忘了此事，但盧伊茲卻與眾不同，反覆思考此事，並認為「笑話」是一個可以賺錢的「商品」。

經過周密的研究分析之後，盧伊茲決定成立一個獨特的電話服務公司，名字就叫「笑話公司」。

他千方百計匯集了世界各國出版的五百多冊笑話選集，從中挑選成千上萬則精彩的笑話，請專家譯成英語，並使它們富有英語的幽默感，然後再聘請喜劇演員把這些笑話一則則錄下來。

這樣一來，只要用戶付一定的費用，就能在電話台上增設一個專用號碼，只要一撥通這支電話就能聽到令人哈哈大笑的笑話。

這項別開生面的業務一開張，就受到廣大聽眾的歡迎，盧伊茲也從中獲得源源不斷的收入。

為了保護自己的專利，盧伊茲先在巴西全國工業產權局進行註冊登記。不久，隨著業務的拓展，他在英國等十六個國家也進行專利的註冊。

他還在先後與巴西三百個城市的電話局簽訂合約，安裝特別設備，利用它們開展自己的笑話業務。

有了國內業務的基礎後，他又進軍英國、日本、德國、法國、希臘、阿根廷、智利、西班牙……等海外市場，年業務額達三千多萬美元，盧伊茲很快就變成大富翁了。

你一定沒想到笑話也可以拿來賣，而且還能大賺一筆。

盧伊茲笑話事業成功的關鍵在於他用最好的方式來呈現他的「商品」，他顯然認爲，一個笑話好笑的重點在於「表演」的方式，如果說笑話的人是一個說學逗唱樣樣精通的說話高手，那麼一定比平面、無聲的笑話集有趣得多。

他也考慮，成功的笑話「服務」除了在「表演」上要做到最好，且用電話提供服務的方式不但可以免去被盜版的困擾，還能讓想要轉換心情的人能夠很方便地以一通電話聽到笑話，不用再上街買ＣＤ或錄音帶。

就是這樣周全的考慮，才使得一則則看似不值錢的笑話能以最佳方式呈現在大衆面前，並爲盧伊茲帶來大筆財富。

在商場上成功的要點爲詳盡周密的考慮，以及用最佳的方式呈現商品。我們雖然無法複製盧伊茲的點子，但是可以模仿他成功的模式；若是你已經有創新的點子，不妨對自己多一點信心，相信一定對你有所幫助。

靈機一動，就能改變命運

每一天都有人以富有創造力的頭腦發明出產品，不但改善了人類的生活，也為自己帶來財富與名聲。

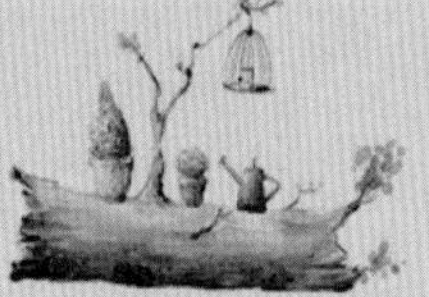

生活中總會遇到許多不方便的事情，但不知道你是否曾經想過：用一點小小的創意就能改變原先不便的生活，甚至還能使自己名利雙收呢！

先別急著質疑這個說法，看看下面的小故事，你就能了解「靈機一動」有多大的影響力。

有一天，窮畫家律蒲曼正專心致志地畫畫，但要修改時卻找不到橡皮擦，而好不容易擦去需要修改的畫面後，卻又不知道把鉛筆放到哪去了。

他從中吸取教訓，把橡皮擦與鉛筆用絲線綁在一起，這樣可以避免兩者分開之後不方便尋找。

可是這種方法不牢固，使用一會兒，橡皮擦就掉下來了，很不方便。他心有不甘，剪下一塊薄鐵皮把橡皮擦和鉛筆末端包起來，再壓兩道淺溝固定，如此一來，使用時就再也不會掉下去了。

這時，他忽然靈機一動，想道：「附有橡皮擦的鉛筆一定會受到畫家和學生的歡迎，我何不就這樣做呢？」

於是，律蒲曼向親友借了幾十美元到專利局辦理專利申請手續，很快就得到確認。不久，他的這項新發明就被雷巴鉛筆公司買下，原本生活潦倒的窮畫家一下便獲得了五十五萬美元的專利費用，從此改變了他的一生。

五十五萬美元可是窮畫家要花很長一段時間才能賺進的一筆數字，可是律蒲曼卻靠著把一塊橡皮擦固定在鉛筆後面的新發明一夕致富。

但是，可別說這個創意很容易，因爲自從人類發明鉛筆與橡皮擦以來，一定有許多人被相同的問題困擾，但卻沒有人像律蒲曼一樣想出這種點子並申請專利，這就足以說明他爲何能獲得這筆財富了。

在這個「創意與智慧財產等於財富」的時代，每一天都有人以富有創造力的頭腦發明出產品，不但改善了人類的生活，也爲自己帶來財富與名聲。

我們不一定要像發明電燈的愛迪生或發明電腦的工程師一樣具有高超的科學知識，只是要像律蒲曼一樣，能抓住那靈機一動的創意，如此一來，說不定下個改變世界與自己命運的人就是你呢！

靜觀其變，機會就會浮現

若有強取豪奪也爭不到的東西，那不妨退一步，換一個位置。當壓力與重擔轉移到對方頭上時，我們會更有時間與餘裕充實自己。

人生的路途上總是有高峰，有低谷，然而，當我們知道自己已經到達谷底，彷彿一切籌碼與勝算都已失去時，卻不能灰心喪志。

因爲，沉潛是爲了另一波高峰的到來；有的時候，以退爲進反而比一直處在高峰上更能行得遠、行得久。

十六世紀時，俄羅斯國王伊凡四世想進行一次徹底的改革，但是他的勢力太小了，而且還受到俄國貴族階級的控制。俄國的貴族階級限制了他的權力，靠恐怖手段控制著人民，和伊凡進行對抗。

一五六四年十二月三日，伊凡沒有做任何解釋就離城而去，在莫斯科南方的一個村莊裡落腳。當時人民擔心伊凡把政權交給殘暴的貴族階級，情緒開始騷動，最後整個國家陷入了無政府狀態。

一五六五年一月，伊凡寫了一封信給人民，聲稱是貴族階級的背叛讓他決定永久退位。公開信強烈地震撼了人民的心，許多民眾蜂擁到街上遊行示威。面對這種局勢，貴族們害怕了，乞求伊凡復位。

伊凡耐心聆聽他們的請求，但是不肯改變心意，他堅持地表示，如果要他復位，就必須賦予他絕對的權力，由他完全統治國家，貴族階級不許干涉。最後，貴族們妥協了。

面對混亂與騷動，幾乎每一位俄羅斯成員都希望伊凡回到莫斯科，重建法律與秩序。那年二月，伴隨著隆重的慶典與人民的擁戴，伊凡重返莫斯科，並且控制了一切權力，終於順利施行期望中的改革。

《易經》上有句卦辭叫做「潛龍勿用」，意思是「君子韜光養晦，以待時機」。伊凡四世能夠演出這一場「以退爲進」的好戲，顯然代表他也了解「韜光養晦，以待時機」的道理。

若有強取豪奪也爭不到的東西，那不妨退一步，換一個位置。當壓力與重擔轉移到對方頭上時，我們會更有時間與餘裕充實自己，並能靜觀局勢變化，相信只要耐心等待，有利的機會一定會慢慢浮現。

爭一時，更要爭千秋，伊凡四世這一步走得漂亮，值得我們好好學習。

專注就是邁向成功的鑰匙

只要你了解的「深度」比別人深、鑽研得比別人透徹，那麼在這個領域當中，你就擁有了邁向成功的鑰匙。

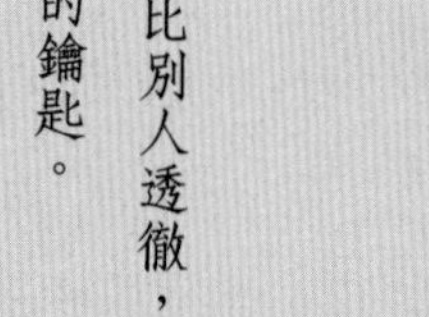

小時候，班上總是有這樣令人羨慕的人，他們似乎讀書、運動、美術都樣樣在行，還會彈鋼琴或珠算等等才藝，在期末成績單上的評語欄裡，老師也總是用「多才多藝」、「聰明伶俐」等誇獎的辭彙來形容他們。

這樣的人總是叫人欽羨不已，不是嗎？

但是，這樣的天賦，卻未必是他未來功成名就的保障，相反的，即使是資質駑鈍，或是在學習方面有障礙的孩子，只要能拋開自卑心理，將來依舊能開創出自己的一片天空。

有個人從小文科成績都是紅字連篇，讀寫速度很慢，英文課需要閱讀經典名著時，只能從漫畫版本下手以求低空飛過。他常說：「我的腦袋裡有想法，但是沒有辦法將它寫出來。」

後來，經醫生診斷，這個人患有識字障礙。

這個人之後憑藉著優異的數理成績進入美國名校史丹佛大學就讀，他發現商業課程對他而言比較容易，於是選擇經濟為主修，但在英文及法文方面仍然不及格。之後，他全力投注於商學領域，並獲得ＭＢＡ學位，畢業時，他向叔叔借了十萬美元，開始自己的事業。

一九七四年，他在舊金山創立自己的公司，這家公司如今已名列世界五百大企業中，擁有兩萬六千萬名員工。

他就是施瓦布——嘉信理財的董事長兼執行長。

至今，施瓦布的讀寫能力仍然不佳，閱讀時必須唸出來才能理解其內容，有時候，一本書要看上六七次才能完全了解，寫字時也必須以口述的方式，再藉助電腦軟體完成。

一個先天學習能力不足的人何以能成就一番事業呢？施瓦布的答案是：「由於學習上的障礙，讓我比別人更懂得專注和用功。」

他解釋說：「我不會同時想著十多個不同的點子，每一段時間我只投注於某個領域，並且用心鑽研。」

這種「一次只做一件事」的專注態度，也造就出嘉信數十年的歷史。

當其他金融服務公司將顧客層鎖定在富裕的投資者時，嘉信推出平價服務，專心耕耘一般投資大眾的市場，終致開花結果。

之後隨著科技的進步和顧客的成長，嘉信在每個時期都有專心投注的目標。而且許多階段的成果都成為業界模仿的對象，不斷在金融業立下里程碑。

如今，嘉信理財名列《財富》雜誌中全球最受景仰的二十大企業、全美最適合工作的企業，以及美國《富比士》和《商業周刊》的大企業榮譽榜，成為各管理書籍最常列舉的案例之一。

英國科學家霍金告訴我們一個簡單的道理：「上帝既造就天才，也造就傻瓜，這不取決於天賦，完全是個人努力程度不同的結果。」

施瓦布的天賦可能並不讓人羨慕，但他的成就肯定令人欽佩。為什麼有著學習障礙的他可以做到這一步呢?答案就是用自信代替自卑，以及「一次只做一件事」的專注態度。

因此，與其貪多嚼不爛，不如專心致志地將心力投注在一件事上，只要你了解的「深度」比別人深，鑽研得比別人透徹，那麼在這個領域當中，你就擁有了邁向成功的鑰匙——那就是無人可比的「專業性」。

誠實才是最正確的策略

在做決策的時候要將眼光放遠，誠實雖然會蒙受一時的損失，但是用長遠的眼光來看，那絕對是最正確的選擇。

和別人互動的過程中，我們都曾面臨「說或不說」的兩難局面。如果將實情全盤托出，可能會傷害自己與他人的利益；如果把事情隱瞞起來，卻又害怕東窗事發時會招來更無法挽回的結局。

這個時候，我們到底應該怎麼辦呢？

看看下面的例子，也許能幫助你安然面對這種兩難的局面。

有一天，美國亨利食品加工工業公司總經理亨利・霍金士很偶然地在化驗鑑定報告單上發現，他們生產的食品配方中，用來做為保鮮作用的添加劑有毒，雖然毒性不大，但長期服用仍然對身體有害。

如果從配方中刪除添加劑，食品的新鮮度就會受到影響；如果將這件事情公佈於眾，又必然會引起同行們的強烈反對，那到底該怎麼辦呢？亨利・霍金士只好召集高層管理人員進行討論。

會議中有人說：「如果公開了，食品界的同行一定會全力攻擊我們。公司發展到現在這個階段並不容易，我們冒不起這個險。」

但也有人主張：「可是，如果現在不公開，早晚還是會被人發現，到時就難以收拾了，很可能會引起一場危機。」

最後經過權衡利弊，亨利公司毅然向社會宣佈添加劑有毒，對身體有害，以後亨利公司的食品都不會用這種添加劑了。

這個舉動果然立即引起整個業界的反感，所有從事食品行業的老闆都聯合起來，用盡一切手段攻擊亨利公司，並指責他們別有用心，打擊別人以抬高自己，許多食品公司還聯合起來抵制亨利公司的產品，使亨利公司幾乎倒閉。

但是，亨利公司真誠對待消費者，重視消費者健康的行為，得到了消費者的大力支持。最後，亨利公司得到政府和民眾的支持，產品成為人們信賴的熱門貨。在很短的時間裡，公司不僅恢復了以往的生機，規模還擴大了兩倍，霍金士也因此一舉登上美國食品加工業的第一把交椅。

法國思想家狄羅德曾說：「謊話可以有用一時，從長遠來看，它必然是有害的。反之，真話從長遠來看必然有用，儘管暫時也會發生害處。」

「誠實是最好的政策」，如果亨利公司當初做了另外一個決定，他們就無法得到大眾與媒體的信任，又怎能登上食品加工業的第一把交椅呢？

因此，在做決策的時候要將眼光放遠，特別是在這個資訊爆炸的年代，事情的眞相不會永遠不爲人知。誠實雖然會蒙受一時的損失，但是用長遠的眼光來看，那絕對是最正確的選擇。

5.

有燃燒的熱情，才能不斷成長

巴爾札克在《山間的百合》裡寫道：

「熱情就像是熊熊的火焰，是一切的原動力！

有無比旺盛的熱情，才可能持續偉大的行動。」

有機會遇上逆境也是一種幸福

愛因斯坦曾說：「通向人類真正的偉大的道路只有一條，那就是苦難的道路。」

法國思想家蒙田在《隨筆》裡寫道：「生命的用途，並不在長短，而在我們用什麼態度去經營它。」

生命究竟有沒有意義，很多時候決定權就在我們手上，只要懂得用自信的態度面對自己，生命就會激發更多奇蹟。

在人生旅程中，並不是每一種我們所遭遇到不幸都是災難，只要我們以堅定的心情去面對人生中無法避免的災厄，很多時候，逆境就會變成是另一種的祝福。

古希臘時代，雅典城有一個名叫基里奧的奴隸，很有藝術的天份。一天，他正在創作的時候，希臘官方竟頒佈了一條法律，規定奴隸若是從事藝術創作，就要判處死刑。

這項法令無疑宣告基里奧的創作生命死亡了，因為他已經把整個生命和靈魂都投入在他的雕塑作品上。

基里奧的姐姐聽到了這項法令，和她的弟弟一樣，心中也感受到巨大的打擊。但是，她鼓勵著基里奧，說道：「你搬到我們房子下面的地窖去創作，一切生活上的需要，我都會供應你，你不必擔心，好好去做你想做的工作，我相信上帝會保佑我們。」

從此，基里奧在姐姐保護和協助下，日以繼夜地進行著危險的藝術創作。

不久，雅典舉行了一個藝術展覽會，由身兼政府要員的藝術家波力克主持，希臘當時最著名的雕塑家菲狄亞斯、哲學家蘇格拉底，以及其他有名的大人物都參加了。

他們發現，在展覽作品中，有一組雕塑特別突出、耀眼，比其他作品都要出色。這組大理石雕塑吸引著了所有人的注意，藝術家們都同聲讚嘆。波力克於是問道：「這是誰的作品？」

但沒有人應聲，波力克又重複問了一次，還是沒有人回答。

在一片靜默中，忽然有一個少女被士兵拖了出來。

這個少女緊閉著嘴，眼中閃爍著堅定的神情，拖著她的士兵向波力克報告：「她知道這個雕塑的來源，但是她堅決不肯說出雕塑者的名字。」

士兵一再追問，但是少女仍然不說話，士兵恐嚇她再不說話就會被懲處，但是她還是緊閉著嘴巴。

波力克見狀，說道：「那麼，就把她關進地牢去。」

就在這時，一個滿頭長髮、面容憔悴，奴隸模樣的年輕人衝到面前哀求說：「求你放了她吧，是我，那組雕塑是我的作品。」

這時，現場鼓噪了起來，紛紛高聲呼喊著：「處死他！該死的奴隸！」

但是，波力克站了起來，說道：「不！只要我還活著，就要保護那組雕塑！法律最崇高的目標就是要保護和發展美好的事物。雅典之所以能聞名世界，那就是因為她對不朽藝術的貢獻，這位年輕人不應該處死，應該站在我的身邊！」

隨即，波力克命令助手把手裡的桂冠戴在基里奧頭上。

愛因斯坦曾經這麼說：「通向人類真正的偉大的道路只有一條，那就是苦難的道路。」

我們所要面對的，除了發生在我們身上的每一件事之外，還要留意我們所要做出的反應是不是會造成自己和別人的傷害。

生活中無法迴避的困難會教導我們，應該以堅定的心情去迎接未來，縱使是在極爲困難的處境中，也要保持自己的精神力量。如此一來，不僅可以超越痛苦和環境，更可以從體現的價值中，激勵、鼓動我們的生活。

勇敢面對失敗的考驗

詩人布萊克說：「水果不僅需要陽光，也需要涼爽的夜晚和寒冷的水才能成熟，人生不僅需要成功的歡樂，也需要失敗的考驗。」

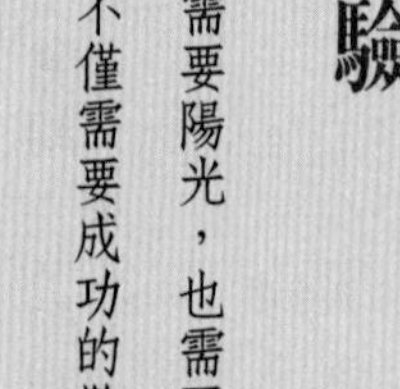

很多成功的人士都有過身處逆境的經驗，最後也都憑著堅強的鬥志戰勝眼前的逆境。

人生有時就像一場牌局，不論好壞，紙牌就在你手上，就等你運用智慧打一場漂亮的勝仗。

齊曼在一九八四年受命出任可口可樂公司總經理，當時的可口可樂公司面對百事可樂步步進逼，情況甚為蕭條，因此，公司對他寄予厚望，希望靠他的營銷長才扭轉乾坤，一掃頹敗局面。

齊曼擬定的經營戰略是從改變可口可樂的配方著手，向市場推出全新口味的「健怡可樂」，然後搭配強勢行銷廣告，希望藉此取得轟動效果，一舉拉抬銷售量。

不過，他卻犯了一個致命的錯誤，在推出新配方的健怡可樂之時，卻沒有持續讓舊配方的可樂上市。

結果，強調新口味的健怡可樂完全打不進市場，讓原本就每下愈況的可口可樂公司猶如雪上加霜，銷售額直線下降。短短七十九天後，舊配方可樂被迫以「古典可口可樂」為名，緊急重新回到超級市場的貨架上。

一年之後，齊曼黯然離開了可口可樂公司。這對齊曼來說，無疑是一次巨大的挫敗，不僅僅使他蒙羞受辱，還徹底損害了他多年以來苦心塑造的個人形象。

但是，齊曼並沒有因此而一蹶不振，離開可口可樂公司後，終日閉門苦思未來要走什麼道路，有長達十四個月的時間不曾與外界的人說過一句話。當時，齊曼的心境十分孤獨，但他並不沮喪消沉，後來，他與友人合資開了一家諮詢公司。

他在亞特蘭大簡陋的地下室中辦公，憑著一台電腦、一部電話和一台傳真機，為微軟公司等客戶提供諮詢服務，就連可口可樂公司也曾來向他尋求建議。七年之後，齊曼終於東山再起，重新回到可口可樂公司，為可口可樂再創輝煌的銷售紀錄，也幫助公司改進經營管理。

對於這段歷程，可口可樂公司董事長羅伯特．戈塔事後感慨地說：「我們由於不能容忍錯誤而喪失競爭力，現在我們終於明白，一個人只有在不斷前進的過程中，才有機會摔倒。」

英國詩人布萊克曾經這麼說：「正如水果不僅需要陽光，也需要涼爽的夜晚和寒冷的水才能成熟，人生不僅需要成功的歡樂，也需要失敗的考驗。」

假如你不曾失敗過，那麼，就應該體驗一下失敗的滋味，如此才能積累更成功的資本。

人生的遊戲不在於是否拿到了一副好牌，而是要知道如何將一手爛牌打好，這個世界從來都沒有所謂的「常勝軍」，只有勇於超越自我的成功者。

成功和失敗都不可能單獨存在

日本作家松本順寫道：「失敗永遠是使人奮發向上的跳板，只有這樣認識失敗，而又能努力不懈的人，才是前途光明的人。」

每當一個人有所得的時候，同時也必然有所失，相對的，遭遇失敗的時候，通常也是站在另一個成功的起點。

成功和失敗都不可能單獨存在，而是彼此相依相存的。

一九三八年，本田宗一郎變賣了所有家當，全心全力投入研發更精良的汽車火星塞。他日以繼夜地工作，累了就倒頭睡在工廠，終日與油污為伍，一心一意只期望能早日把產品製造出來，好賣給豐田汽車公司。

他全心全力投入，甚至變賣了妻子的首飾，總算產品完成了，並送到豐田公司審核。

豐田公司審核品質後，卻評定產品不合格而將它退回。

但是，本田宗一郎並不氣餒，為了得到更多的相關知識，重回校園苦修了兩年。雖然他的設計經常被老師或同學們嘲笑，但他一點也不以為苦，咬緊了牙關往自我期許的目標前進，終於在兩年後取得了豐田公司的購買合約，完成他長久以來的心願。

當時，正處於第二次世界大戰期間，日本政府禁止民間買賣軍需物資，此外，戰爭期間，本田宗一郎工廠也免不了遭受美國空軍轟炸，還毀掉了大部分的製造設備。

不過，本田宗一郎在這樣的困境中，還是毫不灰心地找來一批工人撿拾美軍飛機所丟棄的炸彈碎片，還戲稱那些是「杜魯門總統送的禮物」，把它們變成本田工廠製造用的材料。

第二次世界大戰結束，日本又遭逢嚴重的汽油短缺，本田宗一郎又想出了新點子，試著把馬達裝在腳踏車上。他知道如果成功了，這樣新的交通工具，大家一定會搶著要。

果不其然，他裝了第一部之後就再也沒有停下來了，直到所有的馬達都用光了。這時他想，不如再開家工廠，專門生產他發明的摩托車，但是有一個難題，遭逢幾次天災人禍，他手上已經沒有任何資金可以運用。

最後，他想出一個辦法，求助於日本全國十八萬家的腳踏車店，挨家挨戶解說他的新產品，讓他們明白產品的特色和功能，結果讓他說服了其中的五千家，也湊齊了所需的資金。

時到今日，本田汽車已經成了日本最大的汽車製造公司之一，在世界汽車行業也佔有一席之地。本田汽車能有今天的成就，全靠本田宗一郎始終不變的決心和不畏艱難的毅力。

日本作家松本順曾經在著作中如此寫道：「失敗永遠是使人奮發向上的跳板，

只有這樣認識失敗的意義，而又能努力不懈的人，才是前途光明的人。」

有失敗才會成功，能成功就一定曾經失敗，這是成功的定律。

如果你問一個一帆風順的人，是否覺得現在很成功，相信他一定會回答你：「不就這樣，沒什麼好或不好。」

但是，要是你問一問名人們成功的過程，相信他們會異口同聲告訴你：「其實，我也辛苦過好久。」

因爲失敗，你才會懂得珍惜成功，當你知道成功和失敗原來是相輔相成的最佳拍檔，就不會再害怕失敗！

心情樂觀就能渡過難關

二十世紀最偉大的發明家愛迪生曾說：「不管環境變換到何種地步，我的初衷與希望仍不會有絲毫的改變。」

當生命如輕柔滑順的樂章，自然會使人們覺得歡欣。但是，真正有價值的人，卻是在逆境中還能保持微笑的人。

一個能夠在行事不順時還帶著笑生活的人，要比那些處於困境時便瀕臨崩潰的人還懂得生命的價值和意義。

從心理學而言，感到絕望與對令人絕望的狀況有所了解，是兩種完全不同的心理狀態。後者是客觀地認識自己所處的情勢，前者則是無法客觀地審視自己的處境。

所以，當我們感到絕望時，只要能設法弄清楚局勢，不但能使心情樂觀，還可以讓自己走出絕望之外。

無論現實生活中遭遇到什麼不順心的事情，都要保持冷靜的頭腦，用樂觀的心情度過難關。

第二次世界大戰爆發前，國際政治局勢充滿濃烈的火藥味。

由於戰爭已經到了一觸即發的局勢，有位英國政府官員驚慌地對首相邱吉爾說：「我認為事情已經到了完全絕望的地步。」

邱吉爾聽完後卻若無其事地說：「不錯，是已經到了無以復加的絕望地步。」但是，他接著又說道：「不過，面對這樣緊張的局面，我覺得自己似乎年輕了二十歲。」

許多人陷入絕望狀態時，總是想盡辦法逃避，但是，邱吉爾卻選擇面對、接受，即便再絕望的情況，他也能用樂觀的心情加以面對，讓自己充滿奮鬥的精神。

二次世界大戰結束後，邱吉爾的生活由絢爛歸於平靜，有一次他應邀到劍橋大學為畢業生致辭。

那天，他坐在貴賓席上，頭戴一頂高帽，手持雪茄，一副優游自在的樣子。經過隆重的介紹之後，邱吉爾走上講台，兩手抓住講台，認真地注視著觀眾不發一語，大約有二分鐘之久。

然後，他才開口說：「永遠，永遠，永遠不要放棄！」接著又是一陣靜默，然後他又再一次大聲重複說：「永遠，永遠，不要放棄！」

這是歷史上最簡短的一次演講，也是邱吉爾最膾炙人口的一次演講，不過，這些都不是重點，重要的是你聽進邱吉爾「永遠不要放棄」的忠告了嗎？

做任何事一旦半途而廢，不管你前面付出了多少，立刻都會化成一陣白煙消失不見，經不起任何風吹雨打及考驗的人，根本別想獲得勝利。

當你聽到邱吉爾這番話之時，你能感受他的信念，從而給自己一點堅持的勇氣嗎？

二十世紀最偉大的發明家愛迪生曾說：「不管環境變換到何種地步，我的初衷與希望仍不會有絲毫的改變。」

只要你記得，不到最後關頭絕不言放棄，堅持不懈的努力，你才會獲得人生中最美味的果實。

成功之時，也有可能是失敗的開始

法蘭西斯·培根曾說：「凡是過於把幸運之事，歸功於自己的聰明和智謀的人，結局多半是很不幸的。」

法國作家勒納爾曾說：「謙遜，是一種最不會冒犯別人的驕傲。」

「勝不驕，敗不餒」，這不只是一句格言而已，而是爲人處世的備忘法則。

要求意氣風發的人不要把眼睛放在頭頂上，其實並不是一件容易的事，但是，如果你眞把雙眼擱在頭頂上，小心你就要被前面的小石頭絆倒。

一九八〇年，松下電器已經是一個資本高達兩兆億日元的大企業。這一年，松下幸之助提拔山下俊彥出任總經理，在第四次決算時，公司營業總額為二兆一百五十二億五千八百萬日元，比起前一年同期成長了百分之七。

當時，日本的產業界中，除了松下電器之外，營業額能達二兆億日元的只有三家，即豐田汽車、日產汽車和新日鐵，而松下企業則比預定計劃提早一年突破了二兆日元的目標。

可是，身為總經理的山下俊彥，心中雖然喜悅，卻沒有因此而露出驕傲的神情，他說：「營業額超過二兆日元固然可喜，但我還不能放心，在營業額成長的同時，我們還必須充實新內容，否則很快就會被追上。」

從這一年起，山下俊彥開始整頓公司的體制，著手進行革新，從家用電器製造到電子綜合產業，都經過一番改革。

山下俊彥說：「從銷售量上來比較，菲利浦是三兆八千億日元，美國通用電氣公司則是五兆億日元，而我們在銷售規模上還比不上他們，即使是利潤上，純利也只有百分之四而已，這比美國通用電氣公司的百分之六，還要低了許多。因此，我們還要努力，才能趕上通用電氣公司！」

山下俊彥告訴員工，不要只滿足於眼前的成績，要有不斷求新求進步的衝勁，向更高的目標邁進。因此，常常有人背後議論他：「山下先生的慾望未免太大了！」

然而，山下俊彥並不以為意，再次提出忠告：「我們在失敗的時候，反而能產生忍耐和克服困難的勇氣，會去反省自己的錯誤，弄清楚問題所在。因此，我們要時時刻刻牢記這種精神，才不會遭到失敗。」

法蘭西斯．培根曾說：「凡是過於把幸運之事，歸功於自己的聰明和智謀的人，結局多半是很不幸的。」

許多人會說失敗可怕，其實身處順境才更危險。一旦被提拔、晉升或小有成就，許多人就自滿於現況，而不知前進，一旦養成了驕傲自滿的心態，失敗也就即將開始孕育。

從現實的經驗來看，人都是在一帆風順的時候，開始出現了問題。

為什麼他們成功之時卻馬上遭遇失敗？

這是因爲，很多人常常因爲辛苦了好久，終於成功，反而忘了之前的辛苦付出，不知道要更懂得珍惜和謙虛，一旦成功就志得意滿，目中無人了起來。

因此，人必須像山下俊彥一樣，在成功之時看見成功之外的危機。當你得意或某件事情圓滿解決的時候，不要興奮過頭，反而要更保持謹愼、冷靜的態度，你的成功才會恆久。

有著燃燒的熱情，才能不斷成長

巴爾札克在《山間的百合》裡寫道：「熱情就像是熊熊的火焰，是一切的原動力！有無比旺盛的熱情，才可能持續偉大的行動。」

眞正成功的人士總是虛懷若谷，知道自己是一個尚未裝滿的瓶子。正因爲還沒裝滿，所以他們非常用心尋找生活中的每個學習機會，隨時聽取別人的建議。

反觀我們呢？是不是常常只完成了一件小事，就志得意滿，不屑別人的意見？人生想過得多彩多姿，並沒有什麼特別秘訣，只要謙沖爲懷，隨時保持學習的熱情，就不會失去成功的機會。

曾在紐約市戴爾．卡耐基學院任職的激勵作家齊格，在授課時認識了一位十分傑出的推銷員埃德．格林。當時，埃德．格林已經六十歲了，年收入大約有三十五萬美元。

有一天晚上下課後，齊格和格林聊天。他直率地問格林，為什麼要來卡耐基學院上課，因為所有老師的薪水加起來也比不上他。

格林笑著述說自己小時候的一則小故事。

當格林還是一個小男孩的時候，有次和爸爸到後院的菜園裡，他的爸爸是個非常專業的園丁，相當熱愛在園子裡耕作，常常為自己的收成而開心不已。

當他們整理完菜園後，他的爸爸問他從中學到了什麼。

格林回答說：「我只知道爸爸非常用心在經營這片菜園。」

但是，對於這個回答，他的爸爸有些不滿意，他說：「兒子，我希望你能夠學會觀察，當這些蔬菜還青綠時，它們仍在生長；一旦它們成熟了，你就會發現它們已經開始腐爛。」

埃德．格林講完這個故事後，說道：「我一直沒有忘記這件事，我來這裡上課，是因為我想讓自己保持成長。」

他並向齊格說，他從這些課程學會了一些東西，而且完成了一筆生意，那個是他花了兩年多的時間試圖完成的交易，他相信這些付出的錢，都將會加倍的回收，所以非常值得。

法國文豪巴爾札克曾經寫道：「熱情就像是熊熊的火焰，是一切的原動力！有無比旺盛的熱情，才可能持續偉大的行動。」

你是否對生活充滿熱情呢？有沒有像埃德．格林一樣，保持生活中學習的熱情，讓自己不斷成長？

努力吸收養分，認眞充實自己，如果你一直保持追求成長的熱情，那麼就算你只是抬頭望了望天空，也會從任何飄過的流雲中得到生命的啓發。

只有過人的能力才能讓你東山再起

福特汽車的創辦人亨利．福特說：「在這個世界上，唯一可以保障你的，就是你的知識、經歷和能力。」

很多人只會注意到機會的有無，反而忽略了自己能力的提昇。其實，只要是有能力、有實力的人，不放棄自己，肯努力爭取，機會就能隨時出現。

一九七八年，李．艾柯卡莫名其妙地被福特汽車公司的董事長福特二世解僱了。艾柯卡出任福特公司的總經理之後，曾為福特公司創造輝煌的業績，當時他正率領著福特公司全體員工，不斷地銳意革新，準備要和通用公司一拚高下。但是，福特二世發現艾柯卡的地位和威信與日俱增，開始威脅到他的領導權威，於是突然宣佈解除艾柯卡的總經理職務。

突如其來的變化使艾柯卡一下子從山頂摔到了地面，陷入個人生涯事業的最低潮。還好艾柯卡的經營管理能力，早就眾所皆知，他憤而離開了福特公司，應克萊斯勒汽車公司邀請出任總裁，站在起跑線上，再次重新出發。

儘管當時的克萊斯勒公司處於最嚴重的營運危機之中，連許多政府官員都預測，克萊斯勒公司就快要破產。

但是，艾柯卡卻憑著自己的才能和衝勁，率領全體員工努力奮戰，他勉勵著所有員工說：「只要我在，公司就不會倒！」

終於，艾柯卡反敗為勝，使克萊斯勒浴火重生，擺脫了虧損局面，漸漸提高市場的佔有率，更提前把七年的貸款都還清了。克萊斯勒的浴火重生，讓艾柯卡再一次贏得了各界的讚譽和名聲，也讓他重登事業的巔峰，這全靠著他的積極行動所獲得的成果。

福特汽車的創辦人亨利．福特說：「在這個世界上，唯一可以保障你的，就是你的知識、經歷和能力。」

想要在這個競爭劇烈而又變幻莫測的時代出人頭地，毫無疑問的，一定要擁有過人的本事。

能力不是一天就能培養起來，必須靠著日月的累積。如果你不想錯過任何機會，那麼就要把自己變成擁有實力的人。

人生的成敗全看你的能力，只要具備了過人的能力，不管走到哪裡，就一定會得到重用，即使失敗了，過人的能力也能讓你迅速地「東山再起」。

每個人都要有屬於自己的長才

英國作家卡萊爾說：「獨創的功績不在於標新立異，而在於真誠的態度。只有真誠地面對自己，才能發現自己獨特的才華。」

自我評估一下，在你現在所處的工作環境中，你是可有可無的一般員工，還是公司不可或缺的人才？

人才就是擁有專門才能的人。不論以後你想從事什麼職業，想在什麼方面有所成就，只要記得一個原則，找出自己的最大特長，然後發揮出來，任何事情就都能如你所願的前進。

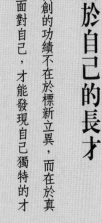

有一個華裔留學生到美國移民局申請綠卡的時候，遇到一位中年婦女。這位留學生從她被曬成古銅色的皮膚猜測，認定她是個農家出身的婦人，因而好奇地上前和她聊天。

一問之下才知道，她來自中國北方的農村，因為女兒嫁到美國，所以才來申請綠卡。儘管她只讀過小學，只會說「hi」和「good-bye」，但是竟然順利申請到綠卡。這位留學生便好奇地問她，到底是怎麼通過的。

這位婦人說，她在申報的理由上，填了一個「技術專長」。

移民局官員看到申請表，問她：「妳有什麼技術專長？」

她回答說：「我會剪紙畫。」接著，她從包包裡拿出一把剪刀，快速地在一張彩色紙上裁剪，不到三分鐘就剪出一堆栩栩如生的動物圖案。

移民局官員瞪大了眼睛，看著她像變魔術似的剪出這麼多紙畫，不禁連聲讚嘆。這時，她又從包包裡拿出一張報紙說：「這是報紙幫我刊登的剪紙畫。」

美國移民局官員一邊看，一邊連連點頭說：「OK！」

她就這麼順利過關了，旁邊和她一起來申請卻被拒絕的人，不禁露出既羨慕又嫉妒的眼神。

這就是現代人應有的思維模式，你可以不懂企業管理、金融知識，可以不會電腦，甚至也可以不會英語。但是，活在這個時代，你必須至少會一樣：「你自己的特長」。

英國作家卡萊爾說：「獨創的功績不在於標新立異，而在於真誠的態度。只有真誠地面對自己，才能發現自己獨特的才華。」

仔細想想，這個婦人的小故事，是不是在任何的領域裡都非常適用？以職場而言，具有特殊專長的人，不僅薪資比別人高，也比起任何只具普通能力的人更有升遷機會。

所以，不管在任何領域中，你都必須有一個屬於自己的獨特專長，像在電腦公司，你就要比別人更懂得電腦程式的問題；在機械工廠你必須訓練自己，光聽聲音就能知道問題所在；如果你沒有突出的地方，那麼做任何事，你都要比別人更有耐力和毅力。

6.

用正面的心態面對失敗

「失敗為成功之母」，
但這句話的先決條件是：
要從失敗中學得經驗並獲得啟發，
更重要的是要繼續努力，不就此放棄。

沒有挫折，哪能歡喜收割？

在一次成功之前可能會遇到一百次的失敗，然而只要不被這一百次挫折擊倒，持續努力不懈，那一定會有歡喜收割的一天。

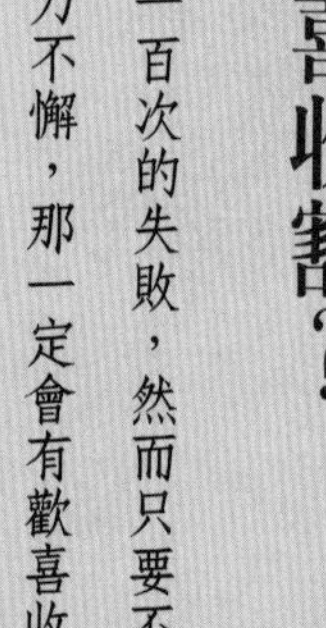

要得到一次成功需要幾次嘗試？運氣極好的人，也許可以在很短的時間內一舉成功，但絕大多數的例子都告訴我們：好事往往多磨，越是偉大的成就，越需要努力、毅力與恆心。

這種情形正如本田公司創始人本田宗一郎所說的：「成功只能藉由不斷的失敗和反思獲得，即便百分之九十九的努力都會白費，只有最後那百分之一的努力才能換來成功。」

希拉斯．菲爾德年近七十時積累了一大筆財富，原本可以安享晚年的他卻突發奇想：「何不在大西洋的海底鋪設一條連接歐洲和美國的電纜呢？」

如果這個奇想實現了，帶來的商業價值是無法估量的，但相對的，這個工程的浩大也是難以想像的。

於是，菲爾德開始籌措資金，使出盡渾身解數後，總算從英國政府那裡獲得資金。這筆資金得來不易，因為在議會的投票表決中，僅以一票之差通過，這件事似乎預言了菲爾德的創舉將會有多艱辛。

果然，當菲爾德開始鋪設電纜時，鋪設不到五英哩電纜就斷了。於是，菲爾德又進行第二次鋪設，但當電纜鋪到二百英哩長時，電纜上的電流消失了，這證明電纜又斷了。他只好又重新購買了七百英哩的電纜，並且請最優秀的專家、買最先進的機器來從事這項工作。

遺憾的是，當七百英哩長的電纜快要鋪完時，電纜再次斷了。

連番失敗使菲爾德的員工徹底洩氣了，媒體和社會大眾也紛紛嘲笑菲爾德的

「壯舉」，那些投資者也沒信心了，不願再繼續向大西洋中「扔錢」，唯獨菲爾德沒有放棄，他用自己的口才說服合作者，使這項工程又得以開工。

這次總算一切順利，電纜鋪設完了，並且電流正常，然而就要完工的時候，電纜上的電流還是突然中斷了。

此時，除了菲爾德和兩個朋友外，幾乎沒人不感到絕望。菲爾德始終抱持信心，最後又找到投資人，開始新一次的嘗試，也買來品質更好的電纜。這次前半段的鋪設都很順利，但在鋪設橫越紐芬蘭的電纜線路時，電纜突然又折斷掉入海底，仍舊無法成功。

於是這項工作就此停了下來，且一停就是一年。

不過，一年之後，菲爾德又成立一家新公司來繼續這項工程。直到一八六六年七月十三日，這項壯舉終於完成了，菲爾德發出第一份橫跨大西洋的電報，電報內容是：「七月二十七日，我們晚上九點達到目的地，一切順利。感謝上帝！電纜都鋪好了，運行完全正常。希拉斯．菲爾德。」

至今，菲爾德和他的同仁們鋪設的電纜仍然被人們使用著，而且再用幾十年也不成問題。

日本企業家稻盛和夫曾說：「人生的道路都是由心來描繪的。所以，無論自己處於多麼嚴酷的境遇之中，心頭都不應為悲觀的思想縈繞。」

這則小故事讓我們知道，在這條世界第一的海底電纜背後埋藏了多少次挫折，工程難度之高簡直令人難以想像。然而，菲爾德驚人的毅力與決心終究戰勝大西洋暗潮洶湧的海底。

在一次成功之前可能會遇到一百次的失敗，然而只要我們不被這一百次挫折擊倒，持續努力不懈，那一定會有歡喜收割的一天。

想獲得成功，就必須增強自己的心理素質，用信心面對眼前各種惱人的事情。因爲，一旦讓情緒支配了一切，人的理性與智力就會變得無能。

毅力與品格才是成功的保證書

想開創一番自己的事業，或是想在既有的領域中好好發揮，千萬不要忘了，毅力與品格將會是你不可缺少的成功特質。

想要成功開創一番事業最需要的是什麼？

資金？資源？或是經驗與知識？

也許這些都是創業的要素，不過並不是保證成功的條件，不然怎會有那麼多人投入大筆資金、聘請優秀人才後仍創業失敗？

相反的，有人欠缺這些條件，依舊能白手起家且最終成爲億萬富翁，這兩者的差別在哪裡呢？

一九六五年，藤田畢業於日本早稻田大學經濟系，在一家電器公司上班。直到一九七一年，藤田才決定開創自己的事業，經營麥當勞生意。

麥當勞是世界著名的連鎖速食店，沒有相當的財力是無法取得，特許經營權的，但當時藤田才從學校畢業幾年，只是一個普通的上班族，總積蓄只有五萬美元，家裡也沒有能力支持他。要加盟麥當勞必須向麥當勞總部繳納七十五萬美元的現金，而且還必須有一家中等以上銀行的信用證明。

雖然資金遠遠不足，但他還是決心要加盟麥當勞，因為他看到了這一產業的巨大潛力，因此開始在親戚朋友中借錢。可是，經過五個月的籌資，他卻只借到四萬美元，離七十五萬美元還有一大距離，一般人在這種時候肯定灰心喪氣，但藤田沒有，依舊努力籌措資金。

某一個早上，藤田走進住友銀行總經理辦公室。

這裡本來不是他該來的地方，因為他沒有任何資產可抵押，根本就沒有向銀行借錢的資格，但他還是來了，誠懇地向總經理表達自己創業的心願，並詳細述說自己的創業計劃。

不過，總經理給他的答覆是：「你回去吧，我考慮一下再答覆你。」

這句話怎麼聽都像是一句推託之辭，藤田心中自然非常失望，但他沒有洩氣，片刻後他就鎮定下來，繼續懇切地對總經理說：「先生，能讓我說說我現有的五萬美元存款是怎麼來的嗎？」

「喔？你說吧。」

「那五萬美元是我在過去六年中按月存款的結果。」藤田說道：「在六年時間裡，我每月堅持存下三分之一的工資，從未間斷。雖然在這六年裡，我曾經無數次面對經濟困難的情況，但我都咬緊牙關，努力撐了過來。有時候，我遇上計劃外的開支，但我還是堅持存款，甚至為了存款而厚著臉皮向朋友借錢。我之所以堅持要存款，是因為我在走出大學校門的那一天，就下定決心要在十年內存到十萬美元，然後用這筆錢開創事業，不過，現在創業的機會來了，我必須提前開創事業。」

總經理越聽越認真，最後他詢問藤田存錢的那家銀行地址，對藤田說：「年輕人，我下午就可以答覆你。」

藤田離開後，總經理立即開車前往藤田存錢的那家銀行，親自了解藤田存款的情況。櫃台小姐告訴總經理：「你是問藤田先生啊？他是我接觸過的客人中最有毅力、最有禮貌的年輕人，在過去六年裡，他真的每月準時到銀行來存錢，我實在非常佩服他的毅力。」

聽了櫃台小姐的說法後，總經理大為感動，馬上打電話到藤田家裡，告訴他住友銀行將無條件支持他開創麥當勞事業。

總經理感慨萬分地解釋支持藤田的理由：「我今年已經五十八歲了，論年齡，我是你的兩倍，論收入，我每個月的薪水是你的三十倍，但是，直到今天我的存款都沒有你的多，僅這一點我就自愧不如、敬佩有加。我很放心把錢借給你這麼嚴謹、這麼有毅力的人，同時，我敢保證你將來一定會成功。」

這位總經理的確沒有看錯人，現在日本所有的麥當勞都是藤田的，他早已成為億萬富翁了。

看完這個故事我們會發現，想要創業，資金、經驗……等條件固然相當重要，但是要長久穩定地經營事業，最大的關鍵還是在於自身的毅力與品格。

藤田在年輕時就立定志向，並且在進入社會之後加以實現，即便沒有人監視他、沒有人逼迫他，但他就是能夠在各種極端困難的情況下，從微薄的收入當中，每個月固定存入一定數量的金額，一步步實現他的理想。

光是這一點就足以讓人感受到他務實平穩、律己甚嚴的性格，那位住友銀行的總經理正是了解藤田這樣的性格與毅力，才會願意將創業金借給藤田，因爲他知道：能夠這樣認眞、踏實地爲未來做準備的人，是絕對不會失敗的。

如果你也正想開創一番自己的事業，或是想在既有的領域中好好發揮，千萬不要忘了，毅力與品格將會是你不可缺少的成功特質。

有前瞻的眼光才能迎向成功的曙光

只會追隨前人的腳步，或一窩蜂地與他人爭搶狹小的市場版圖，那就註定一無所成，因為缺乏前瞻的眼光，就等於放棄未來。

蘇聯詩人儒可夫斯基曾經寫道：「鳥有翅膀能飛到天空，人沒有翅膀，但憑著智慧的力量，也可以神遊天際，看見寬闊的視野。」

人越有智慧，觀看的視野就越寬闊，也越具備前瞻性的眼光，可以清楚地預見未來世界的發展趨勢。

洛克斐勒是二十世紀美國最有名的石油大王，擁有無數的財產。然而，在他發跡的過程中卻有許多發人省思的故事，以下的這則小故事足以告訴我們前瞻的眼光有多麼重要。

約翰．洛克斐勒是如何發現石油事業的商機呢？

當時，他注意到，雖然美國中南部的石油儲量非常豐富，但由於石油冶煉加工方法十分原始，產量非常低，而且使用起來也不安全。不過，洛克斐勒認為，這正是他的機會所在。

他先是找了一個人合夥，就是曾經與他在同一個機械廠工作過的維修工，名叫塞繆爾．安德魯。一八七〇年，洛克斐勒利用合夥人發明的新冶煉加工方法冶煉出他們第一桶石油，由於油質很好，生意很快就逢勃發展。

後來他們又增加一個合夥人，名叫弗萊格勒，但是過了不久，安德魯表示他對現狀不滿，希望退出合夥關係。

洛克斐勒問他：「當初這個公司是我與你合夥設立的，照理說一人應該可以得到一半的利潤。現在你要退出，你要什麼做為你的補償？」

安德魯想，那就填一個讓自己下半輩子都可以好好享受的大數字吧，如果洛克斐勒不同意，再慢慢跟他談。於是，他只想了一下，就在支票上寫上「一百萬美元」。

安德魯本以為洛克斐勒會認為他在開玩笑，沒想到洛克斐勒只是默默地將那張支票收起來，而且不到二十四個小時，就將這筆錢遞到安德魯的手中。請他簽字退出公司後，洛克斐勒說：「你只要一百萬美元，而不是五百萬、一千萬，要價真的不高。」

安德魯覺得洛克斐勒是在吹牛，因為當時公司雖然已經開始賺錢，但是所賺利潤的一半還離一百萬美元一大段距離，不禁在心裡笑洛克斐勒是傻瓜，收下錢之後就離開了。

可是，他沒料到的是，在接下來的短短二十年中，這個資本額只有一千美元的小冶煉廠如滾雪球般地迅速成長為一個具有市場壟斷能力的巨大企業——美孚石油公司，總資產達到九千萬美元，股票價格也升至每股一百七十美元，公司的市場價值則高達一億五千萬美元。

安德魯雖然從洛克斐勒手中拿到當時算是相當高的金額，但他後來的人生恐怕會活在無盡的後悔當中，並不斷埋怨自己當年爲何如此輕易地讓出公司。因爲，眼見美孚石油公司日漸茁壯，但當初研發出關鍵性新冶煉加工方法的安德魯卻無法再獲得任何利潤。

相反的，洛克斐勒則對自己的公司深具信心，更相信石油行業裡的商機，這件事顯現出他了不起的前瞻眼光，這點正是一位企業經營者必備的條件。

如果一個創業者、經營者只會追隨前人的腳步，或一窩蜂地與他人爭搶狹小的市場版圖，那就註定將來一無所成，因爲缺乏前瞻的眼光，就等於放棄未來的希望與無限商機。

從不起眼的廢物中找到價值

有價值的東西不一定是炙手可熱的稀世珍寶，有時反而就在我們輕視、嫌棄的「垃圾」及「廢物」當中。

丟在路邊的廢棄物或垃圾，是大多數人唯恐避之不及的「骯髒東西」，雖然大部份人看到它們的反應大都是掩面而走，但有趣的是，有些人就是能在這樣的廢物中尋得有價值的東西。

這不是普通拾荒老人的行徑，而是日本大企業家淺野總一郎的故事。

日本淺野水泥公司的創建者淺野總一郎在二十三歲時穿著破舊不堪的衣服，失魂落魄地從故鄉富士山來到東京。由於身無分文又找不到工作，有一段時間他每天都處於飢餓狀態之中。

「幹脆賣水算了。」後來，他靈機一動，便在路旁擺出賣水的攤子，至於生財工具當然都是撿來的。

「來，來，來。清涼的甜水，每杯一分錢！」淺野使出渾身力氣大聲叫喊。果然不出他所料，水裡加一點糖就變成錢了，頭一天就賺了六角七分，這種簡單的生意使這位吃盡苦頭的青年不必再挨餓了。

淺野賣了兩年水，到二十五歲時，已經賺了一筆為數不少的錢，於是開始經營煤碳零售店。

三十歲時，當時橫濱市長聽說淺野很會廢物利用，就找他來問說：「你因為很會利用廢物而聞名，那麼人的排洩物是否也有辦法加以利用呢？」

淺野聽了回答說：「如果只收集一兩家的糞便是不會賺錢的，但是如果收集數千人的大小便就會賺錢。」

「怎麼樣收集呢？」

「只要建公共廁所就好了。」

就這樣，淺野就在橫濱市建造了六十三個公共廁所，也成為日本公共廁所的始祖。廁所建造好後，淺野把收集到的排泄物以每年四千日圓的代價賣給別人，並在兩年後設立了一家日本最早的人造肥料公司。

甚至最後創建日本最大的水泥公司——淺野公司的資金，也是從這些公共廁所的糞便上賺來的！

培根曾經寫道：「智者創造機會，通常比愚者遇到的機會還要多。」

其實，智者和愚者的差異在於智者創造機會，愚者只會等待機會。

因此，如果你想讓自己從被人稱爲愚者，變成讓人追隨崇敬的成功者，那麼除了要懂得把握機會之外，更需要像故事中的淺野總一郎一樣，懂得如何爲自己創造機會。

淺野總一郎的本事就在於他能從毫不起眼的廢物中創造則富。

其實，有價值的東西不一定是炙手可熱的稀世珍寶，有時反而就在我們輕視、嫌棄的「垃圾」及「廢物」當中。

像淺野總一郎在橫濱建設公共廁所，就是他整個企業擴展的轉捩點，試想，要到哪裡去找這樣低成本又沒有競爭的利潤來源呢？

我們做事總是容易眼高手低，只看見那些成功者光鮮亮麗的外表，卻常常忘記看看那些最平凡的地方；仔細觀察周遭，也許眞正的良機就在最不起眼的一個角落等著我們，只是我們沒有發現罷了。

讓批評成爲進步的動力

有羞恥之心的人才能適時對自己的所作所為進行反省，也才能劍及履及地改善自己不好的惡習與缺點。

人都不喜歡聽到批評的話語，有人面對批評時，還會惱羞成怒地反過來抨擊對方；甚至有人還會質疑對方的立場和動機，懷疑對方的批評不過是「酸葡萄」心理作崇罷了。

但是，這些心態都無法幫助你成長，只會使自己更加自鳴得意、畫地自限而已，最終難有一番作爲。

讓我們先來看看下面的小故事，再仔細想想，要如何將對方的批評轉化爲自己進步的動力呢？

維克多是著名的有機化學家，於一九二一年獲得諾貝爾化學獎。他的成就與自身的努力息息相關，但一位年輕女性對他的「激勵」卻是功不可沒。

維克多生活在一個富有的家庭，年輕時游手好閒、不務正業，有許多酒肉朋友，成天就與他們一起玩樂。

在一次盛大的宴會上，他見到一位年輕美麗的小姐，想要親近她，於是上前搭訕。沒想到那位小姐冷冷地說：「我知道你是誰，請你離我遠一點，我非常不欣賞你們這種不做正事的花花公子！」

維克多第一次碰到有人對他如此冷漠，雖然怒不可遏，但是並沒有失去理智，反倒像一個一直昏睡不醒的人，被人突然猛擊後醒來。

就在那天晚上，他開始反省自己的過去，感到非常悔恨和羞愧，他在之後寄給家人的信中寫道：「經過這件事之後，我要刻苦地努力學習，相信我將來一定會創造出一些成績。」

後來，他果然成功了，還成為名留青史的偉大化學家。

維克多的確應該感謝那位小姐的直言不諱，但是最重要的，還是他遭到批評之後懂得深刻反省。

許多人對於遭受批評這件事抱持著負面的想法，認爲那是一種侮辱，因此常常惱羞成怒，不但無法冷靜下來好好反省，反而對提出批評的人大發脾氣，實上，這樣子對自己是有害無益的。

我們當然不用把別人所說的話句句當眞，但是我們不能忘記批評是進步的動力。如果那位小姐沒有用一句話將維克多打醒，他可能要花更多時間才能眞正認識自己到底是什麼模樣，才能醒悟自己所過的生活是多麼無意義，或許，這個世界就會少一個偉大的化學家了。

維克多的羞愧之心是脫離過去游手好閒生活的關鍵，如果他不知道反省，那麼不論別人再怎麼批評他，對他而言也如馬耳東風，起不了任何作用。

我們難免有受到批評的時候，如果有人指著你的鼻子說你不好，那麼，在你憤憤不平地回嘴之前，不妨先想一想：「他說的是眞的嗎？我是不是眞有需要改進的地方？」

有羞恥之心的人才能適時對自己的所作所爲進行反省，也才能劍及履及地改善自己不好的惡習與缺點。因此，被批評並不可恥，可恥的是對自己的缺點視若無睹、不思改進，不是嗎？

抓住靈感，機會就會降臨

如果我們能像瓦特一樣，仔細觀察周遭事物，時時保持頭腦靈活與柔軟，那麼我們的人生一定能充滿創意與驚奇！

不論我們從事什麼工作，總會遇到難以解決的問題，在日常生活當中，也常常會覺得生活一成不變，而且我們越急切想尋求新奇的創意意，甚至遍尋群書、求助於人，越找不出方法。

究竟那些新奇創新的巧思藏在哪裡呢？看看以下的小故事，或許你會發現自己忽略多少靈感與創意而不自知呢！

英國發明家瓦特二十歲以前在英國格拉斯哥大學工作，負責修理教學儀器。有一天，格拉斯哥大學的機門蒸汽機壞了，學校要求瓦特前去修理。

瓦特在修理的過程中，發現這種機門蒸汽機有嚴重的缺點，它的氣筒裸露在機體外，因而四周的冷空氣會使氣筒的溫度下降，蒸汽放進去以後熱效還沒有充分利用時，蒸汽就變成水了，白白浪費掉四分之三的蒸汽。於是，瓦特想要對這種機門蒸汽機進行改造，以提高效率。

為此，瓦特像著了迷一般成天思考，還去圖書館裡查閱大量資料、進行深入研討，可惜就是找不到有效的方法。

某個夏日的早晨，天氣晴朗，瓦特在校園裡一邊散步一邊思考。隨著太陽升起，四周的景物顯得格外亮麗。

突然，瓦特的腦中電光石火般地冒出一個念頭：如果在氣筒外面再加上一個分離凝結器，使氣筒與凝結器分開，不就可以解決熱能浪費的問題了嗎？

一想到這裡，瓦特立即跑向工作室著手進行實驗。

經過幾天實驗，瓦特終於成功創造出高效率的新型蒸汽機，並在一七六九年，取得了「降低火機的蒸汽和燃料消耗量的新方法」的專利。此後，瓦特又多次對蒸汽機進行改造，使它能夠在工農業生產中得到廣泛應用，對推動工業革命的發展起了重大的作用，瓦特也因而被人們稱為「蒸汽機大王」。

瓦特那天的散步可眞爲他開啓了一扇門，可不是嗎？

但仔細想想，若是他只顧低頭思考，對身旁的東西視而不見，那就看不見四周的景色，也就不會突然迸發出這樣充滿巧思的靈感了。

我們積極尋求工作上或生活中的靈感，但是，靈感可不一定會在圖書館看見裡尋獲，也未必在任何我們想像得到的地方獲得。就像人的一生中可以看見成千上萬次朝陽初升的景象，但卻只有瓦特不但看見太陽的升起，也看見那稍縱即逝的靈感與良機。

如果我們能像瓦特一樣，仔細觀察周遭事物，時時保持頭腦靈活與柔軟，那麼我們的人生一定能充滿創意與驚奇！

用正面的心態面對失敗

「失敗為成功之母」，但這句話的先決條件是：要從失敗中學得經驗並獲得啟發，更重要的是要繼續努力，不就此放棄。

如果你經過長久的努力之後，所得到的結果卻不如己意，你會怎麼辦？是哀傷地怨天尤人？還是憤怒地拂袖而去？

以上兩種情況是普通人常有的反應，如果你想當個有卓越成就的成功者，那面對失敗時就要跳脫普通人的層次，以更積極、更正面的態度面對。

在人類科學漫長的發展歷史中，曾經有過極為重要且影響深遠的一幕：居禮夫人在她的「實驗室」裡搬動瀝青礦渣，然後把它們倒在煮飯用的大鐵鍋裡，用粗棍子攪拌著。

由於居禮夫人只是理論上推測，無法實際證明新元素「鐳」的確存在，所以巴黎大學的董事會拒絕為她提供實驗室、實驗設備和助理，她只能在校內一個無人使用的破舊大棚子中進行實驗。

她工作了四年，最初兩年做的是笨重的化工廠作業，不斷地熔解分離，她相信，最後剩下的物體就應該是鐳。

經過一千多個日夜辛勤勞動的日子後，八噸如小山一樣的礦渣最後只剩下小器皿中的一點液體，再過一會兒便會結晶成一小塊晶體，那應該就是新元素「鐳」。當她滿懷希望地朝那個小玻璃器皿看時，卻看到四年的汗水和八噸瀝青礦渣最後竟只是一團污跡！

一般人認為她一定會很生氣，然後會把那個小器皿連同裡面那團污跡摔得粉碎，但是，居禮夫人並沒有這樣做。她疲倦地回到家，晚上躺在床上時，還在想那團污跡，想找出失敗的原因。她喃喃說著：「如果我知道為什麼失敗，我就不會對失敗太在意了。為什麼只是一團污跡而不是一小塊白色或無色晶體呢?那才是我想要的鐳啊!」

居禮夫人像是對自己又像是對居禮先生說著，突然她眼睛一亮:「也許鐳就是那個樣子，而非如預測般是一團晶體。」

他們起身跑到實驗室，還沒打開門，居禮夫人就從門縫裡看到她偉大的「發現」——小器皿裡不起眼的那團污跡，此時在黑夜裡發出耀眼的光芒，那的確是鐳，一種具有極強放射性的元素。

居禮夫人與先生兩人欣喜若狂，他們終於成功提煉出前所未見的新元素，並在科學的歷史上留下不朽的成就。

爲什麼聰明如居禮夫人，經過四年的努力後還會對自己傾全力進行的研究成果不了解呢?爲何她甚至連夢寐以求的「鐳」元素是什麼樣子都不知道呢?

其實，這並沒有什麼值得奇怪的，因爲世事往往難以預料，即使是諾貝爾獎得主，也無法對自己的研究成果有百分之百的把握。

但是，居禮夫人面對失敗的態度是正確的，她雖然沮喪卻不畏懼失敗，就如同她所說：「如果我知道爲什麼失敗，我就不會對失敗太在意了。」

就是這樣積極求知的態度，讓她在艱苦的實驗過程中苦撐下來，更是她能夠獲得最後成功的原因。她沒有在一氣之下把那團看似污跡的東西扔掉，也沒有因爲最終結果不如己意而生氣，更沒有因此放棄自己的實驗，反而冷靜下來仔細心思考，最後終於找到正確的方向。

失敗只不過是「還沒成功」而已，沒什麼好喪氣的，但先決條件是：要從失敗中學得經驗並獲得啓發，更重要的是要繼續努力，不就此放棄，若能做到以上兩點，那失敗也就沒有什麼好害怕的，反而顯示出你已離成功不遠了。

人生的遠景充滿無限可能

俄國作家契訶夫說：「路是人的腳步走出來的，為了多闢幾條路，必須往沒有人的地方走去。」

在工作場合，我們不時可以見到滿腹牢騷的上班族，成天埋怨自己職位太低、薪資太少。其實，會發出這種抱怨的，通常都欠缺應有的競爭力。

殊不知，不論在職場或是商場上，競爭的輸贏取決於創新速度、應變能力，以及自己是否用心。

激勵大師拿破崙．希爾曾經提醒我們一個重要觀念：「思想僵化的人永遠不會有所發展。」

這是因爲，思想僵化的人，習慣以固定的方式做事，也喜歡過著一成不變的生活，不願去嘗試變化，因此生活彷彿是一潭停滯不動的死水，無法孕育出新的生機。

拿破崙．希爾曾經聘用了一位年輕的小姐當助理，工作大致是拆閱、分類及回覆他大部分的讀者信件，另外還有一項工作是聽他口述並記錄信的內容，她的薪水和其他助理相同。

有一天，拿破崙．希爾在口述之時說了一句格言，請她把這句話記錄下來：

「**記住，你唯一的限制，就是自己腦海中所設立的那個限制。**」

當她把打好的紙張交給拿破崙．希爾時，對他說：「這句格言讓我得到了一個啟發，相信對你我都非常有價值。」

這件事並未在拿破崙．希爾的腦中留下特別印象，但是，從那天起，他卻感受到這句話對這個女助理產生深刻影響。

從此以後，她在用完晚餐後便又回到辦公室，並且做一些不是她份內而且也沒有加班費的工作。

她會把寫好的回函信送到拿破崙．希爾的辦公桌上。她認真研究了拿破崙．希爾的處理風格，因此，這些信跟他所寫出來的一樣好，有時甚至更好。

她非常努力認真，工作態度也一直保持良好，有一天，拿破崙．希爾的私人秘書辭職，當他準備找人來遞補這個空缺時，卻驚訝地發現她已經主動地接收了這項職位。

因為，在下班之後，沒有支領加班費的情況下，她已經把自己訓練成出任拿破崙．希爾專屬秘書的第一人選。

由於這位年輕小姐的辦事效率太高，引起其他人的注意，不斷有人提供了很好的職位想請她擔任。於是，拿破崙．希爾不得不多次提高她的薪水，到後來，薪資竟提高到她初到之時的四倍。

因為，她讓自己不斷增值，雖然之前辛苦的付出，但那卻成了她最佳的籌碼，使得拿破崙．希爾完全不能缺少她這個幫手。

是什麼力量讓這個年輕小姐有這樣的成功？

那就是積極向上的進取心，使她在競爭中脫穎而出。

有一位老師經常向那些自稱擁有三十餘年教學經驗的老師，提出這樣一個問題：「你是眞的教了三十年書，還是，你只教了一年書，然後把它重複了三十年呢？」

聽得出這位老師的意思嗎？

俄國作家契訶夫說：「路是人的腳步走出來的，為了多闢幾條路，必須往沒有人的地方走去。」

你還在過著日復一日重複自己影子的生活嗎？每天問一問自己：今天和昨天有什麼不同，有什麼新的啓發？

當你在生活中努力發揮自己的多元能動性，你才會知道未來充滿無限可能，只要自己願意去開創。

別當永遠的醜小鴨

每個人都有不完美、需要遮掩的地方，只要懂得選擇適合自己的「衣服」，你不會永遠都是一隻醜小鴨的。

如果你只著眼在自己的缺點上，像拿一面放大鏡去審視自己的傷口一樣，那麼你只會發現缺點不斷地擴大，逐漸佔滿了你所有的視線。

喬治·伯恩斯在接下演出〈陽光男孩〉中的一個角色時，已經八十多歲了，在這之前，他已經有三十五年沒拍過電影，對於這分工作就像新人一樣生疏。

在開拍之前的一個星期，導演為了正式拍攝時能有最好的效率，特地召集所有的演員把劇本預演一遍。

當導演和製片人到達片場時，發現每個人都帶了劇本，只有喬治．伯恩斯沒有帶。不帶劇本的演員就像沒帶課本上學的學生一樣，誰會認為他是個好學生呢？於是，導演把喬治叫到一旁，嚴厲地對他說：「我想你不適合擔任這個角色，今天就要預演了，你竟然連劇本都忘了帶！」

然而，喬治聽了絲毫面不改色，反倒充滿信心，用堅定的語氣說：「不要擔心，請開始吧！」

預演幾分鐘後，所有人都大吃了一驚，目瞪口呆地望著喬治，因為他不僅背熟了自己的台詞，就連其他人的台詞也一字不漏地熟記在心，整部長達一百多頁的劇本就像刻在他腦中一樣，無論進行到哪個片段，他都能背出。

喬治對旁人的稱讚絲毫無動於衷，只是謙虛地笑了笑說，他從小就十分善於背誦，因為他患有閱讀障礙症，無論怎麼努力也無法提升自己的閱讀能力。因此，只要是聽過一次的東西，他就會盡力地把它烙印在腦海裡，用超強的記憶力來掩飾自己不識字的缺點。

在他的演員生涯裡，這樣的功夫時常幫助他快速地融入角色，特別是在演出音樂劇時，他可以熟練地背誦一長串的歌詞，讓演出更加得心應手。

就這樣，喬治·伯恩斯成功地詮釋了〈陽光男孩〉中的角色，他的演出流暢自然，贏得了當年奧斯卡最佳男配角獎。

八十多歲的他仍然寶刀未老，之後，他繼續參與演出，而且拍了十多部膾炙人口的電影。

人有一短，必有一長，重要的是你必須發揮自己的專長。

經營人生就像穿衣服一樣，如果你的腰圍很大，那就不要穿低腰褲，露出腰上的那一圈肥油；如果你的腿又短又粗，那又何必趕流行穿迷你裙？不是每個人都會欣賞德國豬腳的。

每個人都有不完美、需要遮掩的地方，只要懂得選擇適合自己的「衣服」，麻雀都能變鳳凰了，你不會永遠都是一隻醜小鴨的。

7.

希望是自己最好的投資

每個人在歷練人生的過程裡，
不如意的遭遇是難免的，在這個時候，
希望就是幫你從不如意的泥沼中掙脫的繩索。

心境就是通往幸福的捷徑

真正的幸福就來自於我們的內心。只要你覺得幸福，不論在什麼環境，你都是一個幸福的人。

作家尼克芬斯曾說：「只要你認為自己做得到，你就可以做到別人認為自己做不到的事情。」

不管你眼前的際遇如何，都不能小看自己；人生要過得自在，就必須做好心理建設，讓自己心無罣礙，肯定自己的價值。

萊辛曾經寫道：「我們的徬徨和無助，多半是基於我們對生命無知。」

其實，所謂的生命瓶頸，絕大多數是因爲我們過高地評估問題的嚴重性和困難度，同時也小看自己，因此，我們才會將別人眼中輕而易舉的問題，當成是自己生命中不能承受之重。

很久很久以前，在挪威的一個小村莊裡頭，有一個整天愁眉不展的年輕人，總覺得自己是世上最不幸的人。於是，他天天向上帝祈求，希望上帝能讓自己獲得幸福。

上帝聽到年輕人的祈求，就派來一位天使。天使把年輕人帶到一個峽谷，告訴他這裡就是充滿神奇魔力的幸福峽谷，也是「人間天堂」。

年輕人看著峽谷中繁花盛開的美景，心情不由得豁然開朗。他還來不及對天使表示感激，天使就說：「每個人的一生中只能來這個峽谷兩次，你要好好珍惜另一個難得的機會啊！」

話剛說完，天使就消失不見了。

等到暮色降臨，年輕人才依依不捨離開峽谷。從此，這個年輕人的生活態度有了大幅度轉變，因為他知道幸福峽谷能夠為他帶來幸福，他也一直牢記天使的告誠，不輕易動用他最後的機會。所以，他決定盡自己的最大努力去解決問題，不到萬不得已，絕對不到峽谷去。

奇怪的是，在他的努力下，所有的問題都迎刃而解，到了晚年，他已經是著名的成功人士。在他生命的最後階段，他獨自來到幸福峽谷，跪在峽谷中感激上帝對他的厚愛，賜予他無限的幸福。

這個時候，天使倏然出現在他的面前，告訴他幸福全靠他自己的雙手去創造的，上帝只不過幫了他一點忙而已。

他不相信，說道：「這裡不是具有魔力的幸福峽谷嗎？」

天使笑了一笑，反問他：「你真的認為這裡跟別的峽谷有什麼不同嗎？」

當年的年輕人楞住了，仔細觀察眼前的峽谷，終於恍然大悟。

對生活的態度往往只取決於一念之間，樂觀的人覺得人生處處是幸福，所以過得幸福快樂；至於悲觀的人，因爲有著悲觀的想法，凡事都先想著自己做不到，於是注定會有悲觀的結果。

很多人以爲追求幸福是一件很困難的事，其實，眞正的幸福就來自於我們的內心如何看待自己的際遇。

只要你覺得幸福，不論在什麼環境，你都是一個幸福的人。所以，你的心態，就是通往幸福最快速的捷徑。

發明大王愛迪生曾經這麼說：「失敗也是我所需求的，它和成功對我一樣有價值，只有在我知道一切做不好的方法以後，我才知道做好的方法究竟是什麼。」

的確，在人生過程中，一遇到瓶頸就小看自己的人，會把瓶頸當成沉重的包袱。但是，勇於突破的人，則會把它當作邁向成功的墊腳石。

希望是自己最好的投資

每個人在歷練人生的過程裡，不如意的遭遇是難免的，在這個時候，希望就是幫你從不如意的泥沼中掙脫的繩索。

當你在遇到挫折或困難時，不要忘記其實你對自己的生命，擁有比你想像中還要更多的主宰權；如果你認爲自己沒有這些權力的話，那只是因爲你不知道該怎麼去運用而已。

學習主宰自己最好的方式，就是讓自己的心態隨時保持希望。

卡爾·賽蒙頓是美國一位專門治療癌症的著名醫生。

有一次，賽蒙頓醫生負責治療一位六十一歲的癌症病人，這位患者的體重大幅度下降，瘦到只剩四十四公斤；因為癌細胞擴散的關係，使他不但無法進食，甚至連基本的吞嚥口水的動作都無法做到。

賽蒙頓醫生告訴這位病人，只要他抱持著希望，自己一定會盡全力幫助他對抗癌症。病人答應賽蒙頓醫生，說他一定會保持樂觀的心情。

醫生為了減少病人不安的情緒，讓病人充分了解病情，以便和醫護人員合作，每天都將治療進度詳細告訴病人，解說他的身體對治療的反應。

治療的情形令人驚訝的良好，病人不但對醫生的囑咐完全配合，使治療過程進行得相當順利，也隨時保持樂觀的態度，不斷運用想像力想像他體內的白血球正努力對抗癌細胞，而且獲得最後的勝利。

過了一段時間後，病人的意志力加上醫療小組的努力，果然成功抑制了癌細胞的擴散，讓原本被宣判為癌症末期的病人重獲新生。

每個人在歷練人生的過程裡，不如意的遭遇是難免的，在這個時候，希望就是幫你從不如意的泥沼中掙脫的繩索。

因爲，時時保持希望的人，失敗對他而言，只會更堅定自己的決心；擁有了不易動搖的決心，才會有接下來的成就。

當你在聆聽理財專家談論如何增加金錢財富的時候，別忘了，你也要增加你內心的財富。

金錢的投資只能讓你得到金錢，但是對希望的投資，卻能讓你得到更多用錢也買不到的東西。

好的結果，來自於好的信念

成功的基礎都源自於相信自己的信念，因此，如果你想要讓自己能夠有所成就，就要先從堅定自己的信念開始做起！

美國著名的心理學家威廉．詹姆斯曾說，一般人只發揮了本身百分之十的潛在能力。他強調說：「每個人只醒了一半，對身心兩方面的能力，只使用了很小的一部分。」

人具有各種各樣的能力，但往往欠缺信心，不懂得怎麼利用。

透過許多心理學的實驗結果，我們現在可以很清楚了解潛意識對於我們的影響。其中，「信念」便可以說是潛意識影響我們最明顯的一個例子。

只要我們相信自己做得到，潛意識便將這個信念反映在我們的行爲裡，這一點在許多歷史上成功人士的例子裡都表現無遺。

哈佛大學的羅森塔爾博士曾經在加州的一所學校做過實驗。

在新學期一開始，他請校長把三位老師叫進辦公室，告訴他們根據過去的教學表現，他們是全校最好的老師，所以今年學校特別挑選了三班全校最聰明的學生讓他們教導。

校長勉勵這三位老師說，這批學生的智商比同齡的孩子都要高，希望他們能因此有更好的成績。這三位老師聽完校長的話，心中都非常高興。

最後，校長還特別叮嚀這三位老師要像平常一樣教導學生，不要讓學生或家長知道他們是被特意挑選出來的。

過了一年之後，這三個班級的學生成績不但是全校最優秀的，還比整個學區的平均分數高出許多。

這個時候，校長才告訴老師們，其實這些學生並不是刻意挑選出來的，他們都只是隨機抽選出來的普通學生。三位老師萬萬沒有想到事情會是這樣，於是只能將結果歸功於自己教學有方。

這時，校長很不好意思地告訴他們另外一個事實，原來他們三個也是從教師中隨機抽出來的，並不是什麼特別優秀的老師。

但整個實驗結果就如博士所料：因為這三位老師覺得自己很優秀，對自己充滿信心，教書也就格外賣力；學生感覺到老師的認真，自然而然也會努力讀書。

就這樣，原本一群很普通的人，因為相信自己是優秀的，結果就真的成為優秀的人。

每個人的人生，都應該由自己決定，決定之後，後果也應該自行承擔。只要懂得命運掌握在自己手裡，很多事情就可以改變。

好的結果，通常來自好的念頭。

只要對自己充滿自信，很多事情都可以改變。要是你覺得眼前的際遇讓自己痛苦，不妨多給自己一點好的念頭。

我們常常會祝福別人「心想事成」，其實這句話裡面就包含了潛意識的作用。因爲當一個人對自己產生了信心，即使失敗也不會因此灰心喪志，這樣當然能夠達成自己所設定的目標。

一切成功的基礎都源自於相信自己的信念，因此，如果你想要讓自己能夠有所成就，就要先從堅定自己的信念開始做起！

不要變成別人的影子

一個只想著迎合別人，希望成為別人的人，只能在人生的路上隨波逐流，沒有辦法找出屬於自己的方向。

有的時候，人要知道「認命」。

這裡指的認命，不是要你屈服於自己的命運，而是能夠明白，不管你如何模仿別人，你還是你，不會因此變成另外一個人。不要小看自己，每個人都是獨一無二的，所以，只能滿心歡喜地做好自己，這就是所謂的「認命」。

人要懂得賞識自己，不要淪爲追隨別人的影子，也不應該被別人的好惡、價值判斷牽著鼻子走，任由自己的人生被外在事物支配。

奧列弗．戈爾德．史密斯曾經寫過這麼一則寓言故事。

從前，有一位畫家，他的夢想是畫出一幅人人見了都會喜歡的畫。畫家嘔心瀝血地畫完之後，就拿到市集中去展出。他在畫的旁邊放了一枝筆和一則佈告，佈告上寫著：「每一位看過這幅畫的人，如果認為這幅畫有畫不好的地方，都可以用筆在畫中標明記號。」

到了晚上，畫家從市集中把畫拿回家，發現整幅畫上面都塗滿了記號，沒有一個地方不被指責。

畫家看了這個結果，對自己這次的嘗試感到十分失望。

畫家沒有因此洩氣，決定試試看另一種方法。

於是，他又臨摹了一幅相同的畫，拿到不同的市集中展出，這一次，他要求每一位看過畫的人，把他認為畫得最好的地方標上記號。

這天晚上，當畫家拿回畫的時候，他發現畫上面又被塗滿了記號，那些上一次曾經被指責得體無完膚的地方，如今卻都被視為生花妙筆。

做任何事，只要能讓一部分人滿意就夠了，因爲，在有些人眼中視爲醜惡的東西，在另一些人的眼裡卻可能是美麗的象徵。

我們在做一件事之前，經常會考慮別人的反應來決定該怎麼做，而不是按照自己的意願去行動。尤其諸如所謂「成功」、「幸福」等定義，似乎已經有了約定俗成的標準，如果沒有達到這個標準好像就是不對的。

著名的精神分析家弗洛伊德說過：「人們常常會有錯誤的判斷標準，他們為自己追求權利、成功和財富，而且羨慕別人擁有這些東西，因此往往低估了生活的真正價值。」

人生的價值應該讓自己來認定，一個只想著迎合別人，希望成爲別人的人，只能在人生的路上隨波逐流，沒有辦法找出屬於自己的方向。

因此，認命的做自己，永遠不要想變成別人的影子！

不要因爲一隻小蟲，而跟自己過不去

只要這些阻礙不會妨害到你，你就大可不必理會，因為只有當你注意到這些阻礙時，它才會對你造成影響。

現實生活中難免會遇到一些令人煩心的小事，這些小事就像蒼蠅一樣，對你沒有很大妨礙，卻總是在身邊圍來繞去，讓你心浮氣躁，無法專注。

當這些「蒼蠅」圍繞著你的時候，如果沒有辦法將它們趕走，那就試著學會跟它們共存。千萬別因爲一隻微不足道的蒼蠅，轉移了注意力，讓自己模糊了成功的目標。

在一場國際矚目的世界撞球錦標賽中，一位蟬聯多次冠軍的選手在他引退前的最後一場比賽中，表現得出奇順利，只要把九號球打進袋，就能以世界冠軍的頭銜光榮退休。

就在這個令人屏息注目的時刻，不知道從什麼地方，飛進來了一隻小蟲。這隻小蟲正好停在選手的手臂上，選手正準備擊球，卻因為小蟲的關係停下來，揮手趕走小蟲。

把小蟲趕走之後，選手集中精神，彎下腰準備擊球時，誰知道，這隻煩人的小蟲又來了。這一次，小蟲停在選手的臉上，原本集中的注意力又被打斷，選手開始不耐煩了，用力揮趕那隻討厭的小蟲。

把小蟲趕走後，選手再度準備擊球，沒想到可惡的小蟲竟然又飛回來了，而且像個幽靈似的落在九號球上。

選手再也受不了了，生氣地拿起球桿就對著小蟲捅去。小蟲雖然受到驚嚇飛走了，可是選手在還沒瞄準的情況下就擊球，以致於打偏了，九號球沒進袋。

按照比賽規則，接下來該輪到對手擊球了。對手抓住這個大好機會，不偏不倚地把九號球打進袋中，而且展開凌厲攻勢，最後反敗為勝。

這位選手想以世界冠軍頭銜退休的希望落了空，就因為一隻小蟲，讓這個冠軍選手耿耿於懷了一輩子。

亞瑟．艾許曾說：「一個人的眼界，決定他可以擁有多大的成就。」

一個人能否創造出一番成就，關鍵往往在於是否懂得用積極樂觀的態度，面對競爭激烈的人生戰場。

不論多麼乾淨的地方，都會出現一些莫名其妙的小蟲，這就跟生活和工作一樣，再順利的事情，偶爾也會出現一些小阻礙。

只要這些阻礙不會妨害到你，你就大可不必理會，因爲只有當你注意到這些阻礙時，它才會對你造成影響。

就跟落敗的撞球選手一樣，如果他不把注意的目標放在小蟲上，就不會因爲心浮氣躁而抱憾終生。當你在遇到這些「小蟲」的時候，記得，不要讓它們轉移了你的注意力，否則你就是跟自己過不去。

跟你不喜歡的人做朋友

學習接納自己不喜歡的人，不但更有效的開展自己的視野，也能增加自己在不同領域中的人脈，讓自己更具備競爭的優勢。

在現實生活中，不可能總是碰到跟你合得來的人，必定有幾個是你看不順眼或使你厭惡的人出現。

如果你只會以排斥的態度來對待你不喜歡的人，最後你的朋友只會越來越少，導致自己的人際關係寸步難行。

在美國東部有一所全美知名的私立學校，這所學校的入學成績需要平均九十分以上才能夠提出申請，而且它的學費相當於一個普通家庭整個月的開銷，因此進入這所學校的學生都是家境富裕又成績優異的。

雖然這所學校培育出許許多多優秀的人才，但是它有一個非常嚴重的困擾。學校緊鄰著一個治安非常差的貧民區，學校的玻璃經常被貧民區的兒童打碎，學校學生的車子總是被偷，學生在晚上被搶已經不是新聞，甚至還有女學生遭到強暴的事件發生。

這些層出不窮的犯罪事件，不但嚴重影響學生的人身安全，對學校的聲譽也有所損害。

「像我們這麼優秀的學校，怎麼能跟貧民區相連呢？」因為這個想法，董事們一致通過用學校雄厚的財力，把貧民區的土地和房子買下，改建為學校校園。

這樣一來不但校園變大了，也可以讓那些貧民離學校遠一點。

可是，問題並沒有因此解決，反而變得更加嚴重。因為那些貧民雖然搬走，卻只是向外移而已，學校還是跟貧民區相連，加上廣大的校園不容易管理，結果反而使治安變得更糟了。

董事會沒辦法，只好請當地的警官一起來商量解決之道。

警官對董事們說：「當你們跟鄰居處不來時，最好的方法不是把他們趕走，而是應該試看去了解他們，進而才能改變他們。」

警官的話讓董事們恍然大悟，於是他們改變方針，為貧民區的兒童設立補習班，捐贈教育器材給鄰近的中小學，還開放部分校園為運動場，提供貧民區的青少年們使用。

就這樣，沒過幾年，不但學校周圍的治安變好了，連貧民區的生活水準也跟著提高，不再稱為貧民區了。

成功的人往往不是那些才華出眾的人，而是那些應對進退不卑不亢，既不小看自己，也不小看別人的人。善於把自己的努力用在正確地方的人，如果掌握了這個法則，那麼你就離成功不遠了。

學會和你不喜歡的人做朋友，也是拓展人際關係不可缺少的一種能力。像上述提到的學校，當董事們選擇以排斥的手段解決問題時，問題只是變本加厲而已；

可是，他們一旦放下了心中的成見，願意敞開心胸接納時，問題反而就能夠迎刃而解。

在我們的生活中也是如此。學習接納自己不喜歡的人，不但比上任何課程都能更快、更有效地開展自己的視野，也能增加不同領域中的人脈，讓自己更具備競爭的優勢，何樂而不爲呢？

理解別人，是成功溝通的第一步

只要願意放下自我，真心的去理解別人，在一次一次減少衝突的過程中，良好的溝通默契自然會逐漸形成。

不管工作、生活或人際交往，都會有不順遂的時候，其實，只要我們願意換個角度和這人事物溝通，糾葛就能迎刃而解。

敏銳的心能讓我們設身處地的爲別人著想。而且，只有能理解別人的人，才不會因爲個人的偏見，傷害到別人自己還不自知。

一名寵物店的店主在門口貼了一則降價出售小狗的廣告，廣告一出現，便吸引了附近孩子們的目光。

有一個小男孩在廣告貼出後不久，慢慢走進寵物店，問店主人說：「小狗賣多少錢？」

店主回答：「一隻五十塊。」

小男孩聽了，從口袋裡掏出了一些零錢：「我只有十塊錢，能不能讓我看看牠們？」

店主笑了笑，讓負責管理狗舍的員工把小狗帶出來。不久，員工的身後跟著五隻活蹦亂跳的小狗，可是其中有一隻遠遠落在後面。

小男孩立即發現了落在後面一跛一跛的小狗，好奇地問店主：「那隻小狗是生病了嗎？」

店主跟小男孩解釋，說這隻小狗天生腿就有問題，只能一跛一跛地走路。小男孩聽完，說道：「我要買這隻小狗。」

店主回答說：「其實，你可以不用花錢，如果你真的想要牠的話，我就把牠送給你好了。」

小男孩不但不高興，還很生氣地對店主說：「我不需要你送給我，那隻狗和其他狗的價值是一樣的。我現在就付十塊錢給你，以後每個月付你十塊錢，一直到付完為止。」

店主苦口婆心地勸小男孩：「你根本不用買這隻狗，牠不可能像別的狗那樣又蹦又跳地陪你玩。」

聽了店主的話，小男孩彎下腰，捲起左褲管，露出他嚴重畸型的左腿，靠一個大大的金屬支架撐著。

小男孩輕輕地對店主說：「我自己的腿也不好，那隻小狗需要有一個能理解牠的主人。」

據說釋迦牟尼在說法的時候，曾經拿著一朵花面對眾弟子，一句話也不講。所有的弟子都不曉得釋迦牟尼要表達的是什麼，只有迦葉一個人會心的一笑，於是釋迦牟尼就把衣缽傳給了迦葉。

由這一段關於禪的故事，可以知道溝通的最高境界，就是「盡在不言中」。

要達到這種境界，關鍵就在於要能保持一顆敏銳的心。

也許不是每個人都能在生活中與別人達到「拈花微笑」的溝通層次，但是，只要願意放下自我，眞心的去理解別人，在一次一次減少衝突的過程中，良好的溝通默契自然會逐漸形成。

得不到的，不一定是最好的

與其為了那些得不到的虛幻事物而不快樂，不如轉而相信自己得到的就是最好的。這樣一來，你的每一天才會充滿著快樂。

很多夫妻在吵架的時候，都只看到對方的缺失，卻看不到對方的優點，因而出現尖酸刻薄的對話。

這種只知道傷害對方的對話，不但解決不了問題，還會越演越烈，到最後演變成離婚的情形比比皆是。

其實，當初你不就是認爲對方是最適合的另一半，所以才決定結婚的嗎？既然如此，爲什麼兩個人在經過一段婚姻生活後，原來互相吸引的優點卻蕩然無存，反而會產生出許多感嘆和埋怨？

追根究底，或許是因爲「得不到的，永遠最好」的心態在作祟吧。

有一則寓言故事，似乎可以說明這種心態。

有一個人天天向上帝禱告，祈求上帝讓他的願望實現。上帝聽見了他的祈禱，於是出現在他面前，拿出兩個蘋果代表他祈求的兩個願望，讓他選擇要實現哪一個。

這個人考慮了很久，終於下定決心，選擇了代表他認為自己最希望實現的願望的那個蘋果。

上帝微笑著答應了他的願望，就在他接過蘋果，轉身離去的那一剎那，他突然後悔，想跟上帝調換成另一個蘋果。

但是，當他轉身回頭時，上帝已經不見了。

結果，雖然上帝實現了他的一個願望，但他還是整天想著他失去的那個願望，悶悶不樂地過了一生。

人總是對得不到的東西抱著過多而不切實際的期待，以致於忽略了自己已經擁有的東西。

這種人從來沒想過，自己所擁有的，也許正是別人想要卻得不到的；而且那些得不到的東西，其實根本沒有想像中那麼好，也許只是自己一廂情願去美化它而已。

所以，與其爲了那些得不到的虛幻事物而不快樂，不如轉而相信自己得到的就是最好的。

這樣一來，你的每一天才會充滿著快樂，不至於爲了那些無謂的小事痛苦。

8.

你可以選擇
走向不同的人生道路

德國思想家歌德在《感想集》裡寫道：「能把自己生命的終點和起點連接起來的人，是最幸福的人。」

何不換個心境面對人生？

海倫．凱勒曾說：「如果一個人從他的庇蔭所被驅逐出來，他就會去造一所塵世的風雨所不能摧殘的屋宇。」

法國作家羅曼．羅蘭曾說：「人必須賞識自己，把嫌棄、畏縮、自卑……等壓迫自己的負面想法拋棄，否則，你就註定一輩子當個平庸的人。」

人之所以會嫌棄自己、厭惡自己，問題往往出在覺得自己不夠完美，甚至認爲自己充滿缺陷。事實上，這個世界上，每個人都是不完美的，或多或少有些缺點和缺陷，與其執著於這些不完美，倒不如找出自己的優點和長處，歡歡喜喜做自己。

不要浪費時間去在乎別人如何看待自己，世俗的評價不一定正確，你也沒必要活在世俗的眼光下，只要相信自己就算眞的「一文不值」，那也是無可取代的存在，唯有如此，才能活出迥然不同的精采未來。

在一次飛行意外事故中，飛行員米契爾身受重傷，而且身上百分之六十五以上的皮膚都被燒壞了。

為了治療，他總共動了十六次手術，才撿回一條命。

但是，手術之後，他既無法拿起叉子，無法撥接電話，也無法一個人上廁所。

儘管如此，米契爾仍然不絕望，堅定地告訴自己，他不能就此被打敗，他不斷激勵自己說：「我絕對可以掌握自己的人生，我可以把目前的狀況看成是一個起點。」

奇蹟出現了，六個月之後他竟然又能開飛機了。

重新開始的米契爾，在科羅拉多州買了一幢維多利亞式的房子，另外也買了房地產、一架飛機及一間酒吧。

後來，他更和兩個朋友合資開了一家公司，專門生產以木材為燃料的爐子，這家公司後來變成佛羅里達州第二大私人公司。

沒想到，就在米契爾開辦公司後的第四年，在一次飛行途中，飛機再次出了狀況，這次把他的脊椎骨全壓得粉碎，腰部以下永遠癱瘓。但米契爾仍不屈不撓，努力讓自己的生命有所突破。

後來，他憑著堅韌的毅力，不但選上了科羅拉多州某個小鎮的鎮長，後來還競選國會議員，也拿到了公共行政碩士學位，並持續他的飛行活動、參與環保運動及公開巡迴演說。

某次演說時，米契爾相當感性地對台下的聽眾說道：「我癱瘓之前可以做一萬件事，現在我只能做九千件，或許我可以把注意力放在哀歎我無法再做的一千件事上，但是，我選擇把目光放在我還能做的九千件事上。」

海倫．凱勒曾說：「信心是一種心境，有信心的人不會在轉瞬間就消沉沮喪。如果一個人從他的庇蔭所被驅逐出來，他就會去造一所塵世的風雨所不能摧殘的屋宇。」

米契爾的人生遭受過兩次重大災厄，但是，他從不把災厄拿來當放棄努力的藉口，他的故事提醒我們，人其實可以用另一個角度，來看待一些讓自己灰心沮喪的經歷。

我們可以退一步想想自己還可以做什麼，然後我們就會充滿勇氣地說：「過去那些不幸遭遇，其實沒什麼大不了的！」

不管事情如何轉折，重要的是你怎麼看待。

人生就像坐在旋轉木馬上，儘管每轉一圈，眼睛所看到的景物都一樣，但是，心境不同就會有不同的感受與領悟。

生命的態度也是如此，不管事情怎麼發生，只要你堅持你的目標，清楚知道自己將怎麼前進，就算某一個夢想幻滅了，你也能夠沉穩地往前走你下一步的未來。

任何夢想花園都得靠你親手打造

法國文豪雨果曾說：「我寧願靠自己的力量，打開我的前途，而不願乞求有力者的垂青。」

俄羅斯文豪高爾基曾經寫道：「不介意別人是否賞識自己的人，必定能讓自己獲得成功。」

確實，即使我們在別人的眼中一無是處，只要懂得賞識自己，做自己的主人，那麼最後就一定可以在別人都不看好的情況下獲得成功。

相對的，如果你內心充滿消極、悲觀、畏縮，一味用負面的角度看自己，那麼就註定一輩子活得卑微。

對於你認爲應該做的事，不論理論上可不可行，不論存在著多少艱辛，儘管放手去做，因爲，不論做得好或不好，至少你已經往目標踏出第一步。

別再浪費時間了，不如把等待和觀望羨慕的時間拿來行動，你也會有屬於自己的美麗天堂。

有六個高中生前去拜訪費城當地以博學著稱的康惠爾牧師，向他提出請求：「牧師先生，您肯教我們讀書嗎？因為，我們沒有錢上大學唸書，現在中學要畢業了，我們都非常想再繼續深造學習，不知道您願不願意指導我們？」

康惠爾答應了這六個貧家子弟的請求，事後他突然想到：「一定還有許多年輕人和這六位學生一樣，想學習知識，但又付不起學費上大學，我應該為這些窮困的年輕人辦一所大學。」

於是，他為了籌建大學而開始進行募捐。當時，建一所大學大概要花一百五十萬美元。康惠爾四處奔走，忙著在費城各地演講，這樣努力奔波了五年，豈知竟然還湊不足一千美元。

康惠爾為此感到非常難過，有一天心情低落的來到了另一間教堂，正想著下星期要準備的演講稿，就在他低頭之時，發現教堂周圍的草長得枯黃雜亂，便問園丁：「為什麼這裡的草，長得不像別間教堂那樣青綠呢？」

園丁抬起頭，不以為然地看著牧師說：「你認為眼中這地方的草長得不好嗎？那是因為你把這些草和其他地方的草做了比較的緣故。我們總是看到別人美麗的草地，希望別人的草地就是我們的，卻很少認真整理自己的草地。」

沒想到園丁不經意的一段話，頓時令康惠爾恍然大悟，他跑到教堂裡開始流暢的撰寫演講稿。在演講稿中，他以激勵的語氣這樣寫著：「我們總是讓時間在等待和觀望中白白流逝，自己卻忘了可以親自動手，讓事情朝著我們所期望的方向發展。」

不久之後，康惠爾牧師在這股動力推促下終於完成願望，創立了一所嘉惠窮人的大學。

法國文豪雨果曾說：「我寧願靠自己的力量，打開我的前途，而不願乞求有力者的垂青。」

一般人總習慣看著別人的成就而羨慕不已，卻不肯親自耕耘屬於自己的美麗花園。

對康惠爾牧師來說，當他努力爲費城的貧困子弟四處奔跑時，大部份的人只肯給予同情的眼神，卻不肯付出幫助。

牧師發現不同地方的草地經營，發現人們只會羨慕的慣性，於是，他把「自己的夢想要自己實現」的觀念傳遞出來，希望能讓所有人知道，只要願意，任何夢想都能實現。

當我們羨慕別人用手整理出美麗花園，何不也親自動手整理一片屬於自己的美麗花園？

信心就是希望的火種

德國作家亨利希．曼說：「信心是希望的火種，往往在你摸索的黑夜裡，照亮前程的路。」

當我們徬徨、迷惘、畏懼的時候，往往會產生悲觀的念頭，對自己感到失望，對未來感到沮喪。其實，只要叮嚀自己用樂觀的心情面對眼前不如意的處境，就可以讓人生變得更加精采。

面對逆境或險境，你總是是慌張地亂了陣腳，還是沉著應對？

不要把緊張和恐懼在最危險的時候表現出來，因爲，那只會讓對手更有把握對付你而已。

斯蒂克在第二次世界大戰時被徵召入伍，在聯軍登陸諾曼第之後，他就被送到歐洲戰場上，參加抗德戰爭。

他在前線歷經六個月的戰爭，他所屬的兩百多人隊伍，後來只剩下幾個生存者。不久，他從小兵升到了班長，還獲得三枚獎章和一個英勇勳章。

他曾經多次在深夜帶兵到敵後偵察，也曾數次襲擊敵方的營地，每次他都打前鋒，而且每次都是九死一生。

一次，在德國邊境的小鎮上，他擊毀一架敵方的機關槍，還救同袍一命。

有一次要深夜到敵後偵察時，他的排長命他帶領一群弟兄，穿過鐵絲網和地雷區，深入敵軍兵營裡探取情報。這次斯蒂克仍然走在最前頭，不但帶回寶貴的情報，還俘擄了四個敵兵回來。

還有一次偵察行動中，斯蒂克帶著一班弟兄越過一座橋樑，進入了靠近德軍駐紮地的一間獨立小屋，就在黃昏時分，他們擊斃了一名攻入走廊的德軍。他和弟兄們在小屋中和敵人的屍體一起過夜，因為和德國軍隊只隔著一座橋，士兵們都很害怕敵人會來圍攻，這時斯蒂克沉著地說：「勇敢一點，只要我們不畏縮，這一夜一定能安全渡過。」

有了斯蒂克的勉勵，一班弟兄們的心都鎮定下來，也真的平安地渡過一夜。

德國作家亨利希·曼說：「信心是希望的火種，往往在你摸索的黑夜裡，照亮前程的路。」

培養你的自信心吧！

所謂的奇蹟和轉機，其實都是對自己有了信心後，能沉著應對，然後以不畏縮、堅持不懈和越挫越勇的精神，安然渡過每一個困難和危險。

只要充滿了信心，你就你自己命運的主宰，不管碰到任何危險事情都能逢凶化吉。

你可以選擇走向不同的人生道路

德國思想家歌德在《感想集》裡寫道：「能把自己生命的終點和起點連接起來的人，是最幸福的人。」

小塞涅卡曾經說過：「如果一個人不知道他要駛向那個碼頭，那麼任何風向都不會是順風。」

相同的道理，如果一個人不知道自己的人生目標，那麼，不論他就無法活出眞正的自己，當然也無法享受生活。

人的一生當中會有很多選擇題，雖然每個人的選擇都不同，但是，每個人心中都有各自的標準答案。

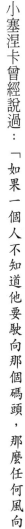

榮登美國職棒名人堂的打擊好手R．熱弗爾是在底特律貧民區裡長大的黑人，由於缺乏關愛和指導，童年時期他就跟別的孩子們學會了逃學、偷竊和吸毒。

剛滿十二歲那年，他就因為搶劫一家商店而被逮捕，被送進少年感化所；到了十五歲的時候，他因為企圖撬開辦公室裡的保險箱再次被捕，進了少年監獄。後來，他又因為搶劫鄰近的一家酒吧，第三次被送入監獄。

有一天，監獄舉辦壘球比賽，一個年老的無期徒刑犯人看到他壘球打得很出色，便鼓勵他說：「小伙子，你還年輕，有能力去做些你想做的事，別再自暴自棄了。」

熱弗爾聽到後，心中不禁一震，回牢房後反覆思索老囚犯的話，終於做出了生命中最重大的決定。雖然他還在監獄裡，但他突然意識到，他和一輩子都得在監獄渡過的老囚犯不同，因為他還有機會選擇出獄之後要做些什麼事，他可以選擇不再入獄，他要選擇重新做人，當一個棒球選手。

五年之後，這個年輕人成了美國職棒大聯盟中底特律老虎隊的隊員，因為，一個偶然的機會裡，底特律老虎隊領隊馬丁訪問監獄，發現了熱佛爾的棒球天分，便努力協助他早日假釋出獄。不到一年，熱弗爾就成了老虎隊的主力隊員。

儘管熱弗爾出生在社會的最底層，曾經是被關進監獄的囚犯，然而老囚犯的一番話，終於讓他意識到自己的生命還有各種可能，於是選擇走向自己想走的路。

德國思想家歌德在《感想集》裡寫道：「能把自己生命的終點和起點連接起來的人，是最幸福的人。」

故事中，身陷牢獄的熱弗爾可以自暴自棄地告訴自己：「現在我在監獄裡，人生一片黑暗。」但是，他卻願意這麼想：「我要選擇走向不同的人生道路。」自由選擇的權利，是你開創美麗遠景最有力的工具。

人生充滿選擇，不管是想法，還是前進的路途。沒有人會架著你要選擇走哪一條路，也沒有人能逼著你一定要怎麼想。你想走向什麼道路，過什麼生活，這些都是屬於你自己的選擇權，如果你不自己在心中做好決定，那麼，縱使有再多的人伸手要幫你一把，你也會失手錯過每一次機會。

再堅持一步你就抵達終點了

修昔底德寫道：「真正能被稱為最勇敢的人，極其清楚地同時意識到生命的痛苦與歡樂，但並不因此而在危險面前畏縮。」

走到成功的臨界點，你會選擇放棄，任由機會流失，還是咬緊牙關堅持到最後一秒？

生活中，我們會不經意的浪費很多時間，但是，在關鍵時刻，如果你把最後一秒的機會浪費掉，或是提早放棄，那麼就從此和成功絕緣了！

來到了開羅博物館，首先映入眼簾的是從卡蒙法老王墓陵挖出的寶藏，每一件都顯得光彩奪目，而在博物館的二樓，則放著燦爛奪目的寶藏，有黃金、珠寶飾品、大理石容器、戰車、象牙與黃金棺木……等等。

這些精巧的工藝至今仍令人讚歎不已，不過，這些東西若不是考古學家霍華‧卡特堅持，再多一天時間探挖，也許至今它們仍藏地下不見天日。

一九二二年的冬天，卡特幾乎要放棄尋找年輕法老王墳墓的希望，因為，他的贊助商已經準備取消贊助費用了。

卡特在自傳中描述，當時是他們待在山谷中的最後一季了，他們整整挖掘了六季，但是在這麼長的日子裡卻毫無所獲。有時候他們日以繼夜的工作，卻一直沒有任何發現，內心感到陣陣絕望，幾乎認定自己被打敗了，應該準備離開山谷到別的地方去碰碰運氣。

但是，要不是大家最後堅持，再用力往地上一鎚，他們永遠也不會發現，那些遠超出眾人夢想的寶藏。

因為卡特的堅持，到最後一刻也不願放棄的精神，才能讓他成為近代第一個挖掘出最完整法老王墳墓的人。

古希臘史學家修昔底德在《伯羅奔尼撒戰爭》中如此寫道：「真正能被稱為最勇敢的人，極其清楚地同時意識到生命的痛苦與歡樂，但並不因此而在危險面前畏縮。」

不管你現在做到什麼進度，都要充滿積極想法，告訴自己：也許再走一步，就能得到成功的喜悅。

失敗和挫折往往會擋在成功路的最後一步，能夠堅持的人，會看見那個跨欄，並奮力一跳，抵達終點，接受歡呼；不能堅持的人，不僅看不到那個高欄，還會被它絆倒，而且被絆倒後，甚至連爬到終點的努力都不肯付出。

不想原地踏步，就給自己一個往前奔馳的堅持，任何放棄的念頭都不能有，如此才有機會到達你的目的地。

沒有毅力，就不可能創造奇蹟

英國物理學家哈密頓就曾說：「只要有耐心，感覺敏銳，即使智力不佳，也能在物理學上有新發現。」

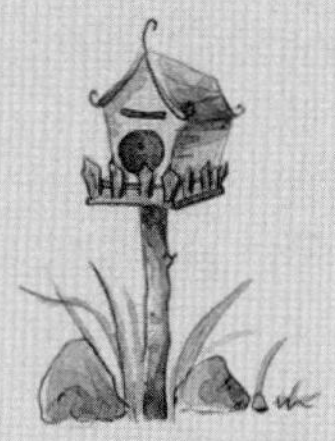

你一定聽過，有些人的一天是四十八小時吧！

你覺得不可思議嗎？其實一點也不，因爲對他們而言，沒有什麼分配不了的時間；對有效率、有毅力的人而言，時間是在他們的手中任意調配的。

德國著名的詩人歌德一生成就非凡，但是，誰也沒想到，他其實是一位業餘的作家。

他二十六歲時，艾瑪公爵請他擔任行政方面的工作，還要長期負責舞台的監督工作，一直到了晚年他才有較多的時間來寫作。

歌德流傳於世的著作共有一百四十三本，其中有一本世界文學的經典之作《浮士德》，內文長達一萬二千一百十一行。這些著作是他以驚人的毅力，不浪費生命裡的每一分每一秒，用盡一切辦法，把每一個空檔時間都充分利用的成果。

如果把時間視為流水，那麼你也可以像歌德一樣，用毅力把流水積聚起來，做個可以為自己人生發電的「攔水壩」。

沒有毅力就不會有奇蹟，在成功案例裡的每一個成功者，都是善於運用時間縫隙的人。

正如達爾文所說的：「任何科學發明，都得經過長期的考慮、忍耐和勤奮才能成功。」

所有科學家都公認，毅力甚至比智力還要寶貴，例如，英國物理學家哈密頓就曾經說：「只要有耐心，感覺敏銳，即使智力不佳，也能在物理學上有新發現。」

這也就很多公司在應徵人才的時候，爲什麼會有這樣的一條要求：「要能刻苦耐勞」，現在你明白其中道理了吧！

那你呢，有沒有具備這樣的特質？

美麗的人生，因爲有風有雨點綴，才會顯得更加壯麗，生活不可能總是一帆風順，唯有堅持不懈，才會擁有這美麗人生。

人生不必苦短，因爲你可以掌控你的時間，只要充滿毅力，時間會因爲你的努力而加長；對於沒有決心的人，爲了避免他們過度浪費，時間會自然縮短。時間分分秒秒的走動都是爲了你，如果你再不好好運用，生命時間肯定會快速轉動！

要讓自己的生命更豐富

人生是否有意義，全看我們的生活態度，看你是要隨波逐流，還是把住輪舵，朝著固 定的目標行進。

每個人都有許多基本慾望。就慾望本身而言，它們當然言之成理，但歸根結底，它們都有自私的成分。

當我們開始走進社會時，總不免取之於社會者多，供之於社會者少，但如果始終只希望別人滿足自己的種種慾望，而不想對社會有所貢獻，那麼這樣的人，就沒什麼價值了。

我們不是常常見過許多人，雖然所有的慾望都已得到滿足，可是他們的成就卻極其渺小，幾乎等於零？

如果我們要得到別人賞識，就一定要有所作為，如此才可能爭取到人家的賞識。雖然有時候，即使是做了一件非常有價值的事，也未必會得到他人的讚賞，可是我們應該記住，有意義的工作，本身就是一種酬勞，至於別人是否知道，那都是次要的。

英國的南丁格爾女士不顧親友的反對，勇敢做著女人從未做過的看護戰場上傷殘士兵的工作。

她的這個舉動開始並沒有得到人們的讚揚，而是到她老了，人們才感受到護士工作的意義。

同樣的，我們想要有朋友，自己必須友善才行。因此，我們不該在四周築起高牆來，而是應該主動架橋，與他人進行聯繫才是。只有當我們多表現自己，雙手多出力時，才能獲得快樂。

現代人相當沒有安全感。雖然安全感太少會打擊我們，可是如果安全感太多，也會磨滅我們上進的心。

而且，有一點我們得記住，如果整個社會都沒有安全感的話，那麼我們自己也不可能會有太多的安全感。

所以，我們最深遠的需要應該是內心及情緒上的安全感。只要能做到這一點，即使在置身在荒野或暴風雨中，一切都處於不安定當中，可是我們心頭仍能獲得一片平靜。

一個人生活是否豐富，是否多采多姿，全看他與現實社會的接觸面是否廣泛，對人生的興趣是否濃厚。假使我們心裡只有一根弦，那麼彈出來的音樂當然會非常單調乏味。

哈佛大學校長艾略特常說，他的工作，有百分之九十屬於經常性事務，可是他從不抱怨。因爲只要機會一來，他就有足夠精力去從事於另外百分之十的創造性和冒險性工作。

所以，人生是否有意義，全看我們的生活態度，看你是要隨波逐流，還是把握住輪舵，朝著既定的目標行進。

英國詩人濟慈、伯恩斯和雪萊，去世時都不滿四十歲，可是他們都曾好好地活過，也忍受過苦難，雖然生命短暫，但他們的生活卻比活一般人還要豐富。

生命是一個奇妙的賞賜，而且是稍縱即逝的，至於如何充分運用，則全看每個人的努力。假使我們希望擁有很豐富的生命，就可以獲得豐富的生命。

不要爲自己的退縮找藉口

法國作家杜伽爾在《蒂博一家》裡寫道：「如果不把生命、思想、信念化為行動，那麼，所有的一切就什麼意義也沒有。」

成功的法則很簡單，當你爲自己訂下計劃並且跨出了第一步，只要堅持到底就一定會成功。

只是，一路的意想不到和滿路的荊棘，外加隨之而來的困難與障礙，往往讓你面臨了各種挑戰和考驗。

這時候，或許你會找藉口讓自己鬆懈、退縮，甚至放棄。當然你可以這麼做，但是，如果你想成功，希望得到歡聲雷動的喝采，你就不能給自己任何退縮和放棄的「藉口」。

眾所皆知，美國西點軍校是培育優秀將領的搖籃，在西點軍校受訓的學生，有四條必須嚴格遵守的校訓，其中一條就是：「沒有任何藉口。」

這是西點軍校由來已久的傳統，不管是遇到學長或長官問話，新生只能有四種回答：

「報告長官，是！」

「報告長官，不是。」

「報告長官，沒有任何藉口。」

「報告長官，不知道。」

除此之外，可不能多說任何一個字。

平時，如果有長官問：「你認為你的皮鞋這樣就算擦亮了嗎？」一般人的第一個反應，肯定是急著為自己辯解：「報告長官，剛才不小心有人踩到我的腳。」

但是，在西點軍校絕對不能這樣回答，因為任何辯解都不被允許，也不被接受，你只能從上面那四個標準回答中做選擇，回答說：「報告長官，不是。」

長官如果再問道為什麼會如此，你也只能回答說：「報告長官，沒有任何藉口。」

也許你會認為他們是在軍校受訓，當然要這麼嚴格。

但是，培養這樣的生活態度，在任何領域都非常受用。

你必須學會忍受一切，不管事情如何發生、情況怎樣，重要的是你有沒有行動力，因為你在皮鞋被踩到的當下就要重新擦拭乾淨，或者一開始就要避免讓這樣的事情發生。

也許你會認為這樣並不公平，但是，人生本來就充滿不公平，只要有這個觀念，你就會用堅強的毅力來激發自己的潛能，讓生活除了行動之外還是行動。

姑且不談西點軍校那些斯巴達的教條合不合理，一個人若是想把生活變得更有意義、更有價值，那麼，就不能做「言語上的巨人，行動上的侏儒」。

不要老是替自己找藉口，必須鞭策自己採取行動，以實際的做法讓每一天都是生命中的傑作。

法國作家杜伽爾在《蒂博一家》裡寫道：「如果不把生命、思想、信念化為行動，那麼，所有的一切就什麼意義也沒有。」

爲了成功，無論碰到多大的困難都不要停止行動，對於成功者而言，在種種困難的面前不應該有任何藉口。

只要你不再找理由推託，你就會有充裕的時間實踐你的夢想；只要你不再拿藉口搪塞，你就已經走在成功的道路上。

人生不論好壞都是你自己的，不要再用任何藉口來阻礙你的道路，只要你確定了前進的方法和方向，趕快跨出第一步，相信你很快就會走到夢想的未來！

讓自己的生命充滿活力

高爾基在短篇小說《時鐘》中寫道：「人有兩種生活方式：腐爛或燃燒。膽怯而貪婪的人選擇前者，勇敢而積極的人選擇後者。」

儘管有人說，沒有雄心壯志的人，生活就會缺乏偉大的動力，自然無法有傑出的成就，但是，過度的渴望，常常會導致極度的失望。

其實，不必給自己太多偉大的志向，只要知道什麼才是生活的意義，把握當下去做你真正想做的事，就算那只是件芝麻綠豆般的小事，也都會使你的生活中變得不平凡。

有個年輕人躺在公園的椅子上曬太陽，衣衫襤褸、神情萎靡，一直有氣無力地打著哈欠。

這時，有一個老先生走了過來，看著他，忍不住好奇地問：「年輕人，難得天氣這麼好，你不去做些有意義的事情，怎麼懶懶散散地在這裡曬太陽？豈不是辜負了大好時光？」

「唉！」這個年輕人嘆了一口氣說：「在這個世界上，我除了這個軀殼外，已經一無所有了，又何必費心費力地做什麼事？我啊，每天在這裡曬曬我的身體，就是我唯一可以做的大事了！」

「你沒有家嗎？」老先生好奇問。

「當然沒有。」這傢伙吃驚地回答：「你知道，與其背負家庭的重擔，倒不如沒有。」

「難道，你都沒有喜愛的人？」

「沒有，與其愛過之後反目成恨，不如乾脆不去愛。」

「那朋友呢？」

「也沒有，與其得到之後可能還會失去，不如乾脆沒有。」

「那你怎麼不想去賺錢？」

「那更不想，你想想看，錢賺了又會花光光，那何必勞心費力把自己搞得那麼累？」

「喔？是這樣嗎？」老先生若有所思地說：「看來，我得快點幫你找根繩子才行。」

「找繩子？幹嘛？」這年輕人好奇地問。

「幫你自殺啊！」老先生一臉認真地說。

「自殺？你幹嘛叫我去死？」這年輕人驚詫地叫了起來。

老先生看著他說：「是啊，人有生就有死，以你的推論，那與其生了還會死，不如乾脆就不要出生算了。現在你的存在，根本就是多餘的，那不如死了算了，那不是正合你的邏輯嗎？」

年輕人聽了這話，低下了頭，不敢再回話。

如果你在街上問那些熙來攘往、行色匆匆的行人：「現在你過的，是你眞正想過的生活嗎？」相信，你會收集到很多「皺眉」和「苦笑」，因爲很多人根本連自己想要什麼都不知道，又怎麼會有開心的生活呢？

俄國文豪高爾基寫道：「人有兩種生活方式：腐爛或燃燒。膽怯而貪婪的人選擇前者，勇敢而積極的人選擇後者。」

什麼才叫生活的意義，什麼才是生命的價值，每個人的標準不同，但是要找到自己眞正想過的生活，卻是共同的準則。

給你一個良心建議，不必非得豐功偉業，也沒有必要立志當聖人，只要認眞想想，自己要的到底是什麼，興趣是哪裡，爲什麼而生活，你就不會像故事中的年輕人萎靡地躺在公園的椅子上曬太陽，也不會有人覺得你活著是多餘的！

9.

無法改變環境，
就試著改變心境

熱愛生活的人，無論處於順境逆境，
都能以健康的心態面對。
他們知道，人如果不能改變環境，
那就只能改變自己。

有退路，才有活路

人生的精采不只是攀爬到最高最遠的山頂，而是包括在不小心跌落山谷時，還能有爬起來的力氣和重來的機會。

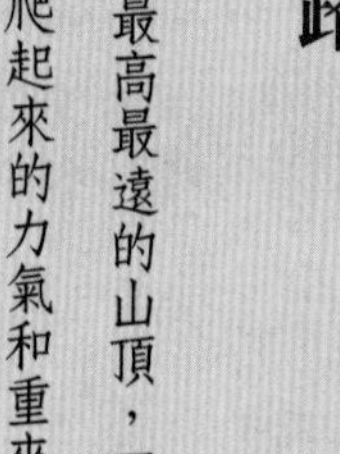

英國作家斯特弗森曾經在著作中寫道：「希望是永恆的喜悅，它就像人類擁有的土地，年年有收穫，是用不盡的、最牢靠的財產。」

的確，人活著就必須充滿希望，才不會渾渾噩噩像行尸走肉一般。心中充滿希望，就會積極設定人生的目標；爲了達成目標，就會做好各種預設和防範措施，不至讓自己在遭遇險境的時候進退不得。

有位少年說自己想去征服高山，但當長輩問他，一個優秀的登山者該準備些什麼時，他卻答不上來。

長輩見狀，便規勸他：「現在讓我告訴你吧！如果是要去攀登路徑不熟的高山，即使預定一日往返，除了帶上必備的指南針，你的行囊裡也應該包含一把小刀、一根繩索、一盒用防水塑膠袋包好的火柴、一點鹽巴、一塊折起來不佔空間的透明塑膠布、雨衣以及一個哨子。」

少年聽了，不以為然地說：「登山就登山，有必要這麼麻煩嗎？這些東西又不一定派得上用場！」

長輩回答：「在正常情況下，你不會用到這些東西，但你能保證，情況會永遠在你的掌握之下嗎？」

長輩進一步分析，這些東西絕大部分都不是為了進路而準備的，它們的作用是在為自己預留退路。

那把小刀，可以在前進時用來切割獵物、削竹為箭、砍木為柴；萬一被毒蛇咬傷時，它更可以用來把傷口切成十字，吸出毒血，救自己一命。

而那根繩索，可以在前進時幫助自己攀爬；遇險時用來營救，在製作擔架時用來捆綁。那盒火柴，可以在前進時用來生火烹食，在遇難時點火求救，甚至可以幫助自己取暖，熬過高山上的寒冷長夜。

那塊透明塑膠布以及雨衣，可以在前進時用來擋雨，萬一被困阻在深山裡時，用來減少地面或環境中潮冷的侵襲；在缺水時，用來蒐集露水蒸氣，讓自己免於乾渴。

那一點鹽巴，可以在前進時用來烹調美味的食物，也可以在困厄時用來消毒、補充體力；在彈盡糧絕時，幫助自己吞下平時難以下嚥的野生食物。

至於那個哨子，可以在前進時用來招呼隊友，作為集合的訊號；也可以在落難時，運用哨子的聲音使搜救人員找到自己。

最後，這位長輩說：「如此說來，你認為哪一樣東西是多餘的呢？它們頂多佔你半個背囊的空間，卻是你行前絕對不能疏忽，落難之時可能因此而幫助你保命的寶貝。」

人生不可能沒有意外，多一分準備，也就是減少一分意外。今日，你可能會埋怨花這麼多時間準備這些也許不會用到的東西，但是等到你旅行的經驗多了，人生的閱歷豐富了，你反倒會覺得慶幸：「還好，準備了這些東西；還好，這些東西沒有派上用場。」

不管是在登山的旅途中，或在人生的道路上，「爲自己留一條退路」都是尋求進路的必要條件。

曾聽一位前輩說過：「旅遊時，如果是舊地重遊，不妨在原來的大道之外，多去尋訪一些小路，發現新的風景。相反的，如果是到陌生的地方，就應該記住來時的道路，以免萬一遇到困阻時能夠方便脫身。總之，對已知的環境，就要進一步去想；對未知的環境，就要退一步想。」

人生的精采不只是攀爬到最高最遠的山頂，而是包括在不小心跌落山谷時，還能有爬起來的力氣和重來的機會。

打破好的，才有更好的

海浪因為在最高峰時破碎，所以才能有繼起的浪花；人一旦站上高峰，如果不能突破，就只能慢慢地滑落。

美國作家奧尼爾在《榆樹下的願望》裡提醒我們：「如果生活的幸福只是對自己眼前境遇的滿足，那就沒什麼價值。」

生活的幸福來自於自我的期許，具有進取心的人不會停留在某個境界太久，爲了攀登生命或是藝術的高峰，他們會朝著更高的目標奮勇前進，不斷地戰勝自己，不斷地淘汰自我。

人生是永無休止的自我鍛鍊歷程，不管你已經步上哪一條康莊大道，你都要期許自己：「明天會更好。」

某位知名雕塑家有一個十歲的兒子。兒子經常要求爸爸創作之餘替他做幾件玩具，但是，雕塑家卻從來不肯答應，只是微笑著對他說：「你就不能自己動手做做看嗎？」

好吧！既然爸爸都這麼說了，我就自己動手做做看吧！為了製作自己想要的玩具，孩子開始留意父親的工作，他花了許多時間觀察父親運用各種工具，然後模仿父親的樣子製作各式各樣的玩具。

父親從來不向他講解什麼雕塑技巧，也不曾批評過他的「傑作」，一切都讓他自由發揮。

一年之後，孩子好像已經初步掌握了些基本的製作方法，作品雖然稱不上出色，但也還有模有樣。

這時，父親偶爾會指點他一、二，但小孩子不受教，經常把父親的話當耳邊風，喜歡我行我素、自得其樂，爸爸見狀也不曾動氣過。

又過了一年，孩子的技藝明顯提高，可以隨心所欲地製作出各種臉譜和動物形狀。孩子喜歡把自己的作品展示給別人看，別人總會稱讚他聰明，稱讚他有天分，只有父親，從來不曾給過一句讚美，好像完全不在乎似的。

忽然有一天，孩子放在工作室裡的作品全數不翼而飛！他為此驚訝、傷心不已。爸爸一副事不關己的模樣，對他說：「昨晚可能有小偷來過，喜歡你的作品，所以全部偷走了。」

孩子沒有辦法，只好重新製作。

半年後，工作室再次遭竊！又半年，工作室又第三次失竊。

孩子開始懷疑是爸爸在搞鬼，既然竊賊這麼囂張，為什麼從來不見爸爸為失竊而擔心、防範呢？

一天夜裡，兒子半夜起來喝水，看見工作室的燈亮著，便悄悄溜到窗邊窺視。他看見父親背著手，在每個雕塑作品前徘徊、觀賞。

過了好一陣子，父親彷彿做出了某個困難的決定，一轉身，拿起斧頭，竟然把自己的作品全部敲得粉碎！接著，他把這些碎土塊堆在一起，加上水，重新混和成泥巴。

孩子感到非常疑惑，卻不敢發出任何聲響。

這時，他看見父親走到他的那些小小作品前，仔細地拿起每隻小動物端詳片刻，不時用臉頰貼近它們，彷彿它們是一群無價珍寶似的。接著，父親猛然將兒子所有的作品扔到泥堆裡攪和起來。

站在窗邊的兒子還來不及出聲阻止，那些自己好不容易製成的作品，已經又全部化為泥土。

當父親回頭時，兒子已經在他身後瞪著兩隻憤怒的眼睛。父親感到有些驚訝，但仍試著緩和情緒，溫柔地撫摸兒子的頭髮。

父親說：「不要難過，我也很捨不得。但是，只有砸爛比較差的，我們才能創造出更好的。」

十年之後，這對父子一起獲得了多項國內外大獎。

海浪因爲在最高峰時破碎，所以才能有繼起的浪花；人一旦站上高峰，如果不能突破，就只能慢慢地滑落。

有位歌星在辦了生平首場個人演唱會之後，說了一段值得我們細細思索的話語：「有的時候你做得很好，未必能當第一。但是你當了第一，也不代表你就是最好的。所以，我無時無刻不在提醒自己，別太拿自己當回事。」

是的，人生就是和自己競爭的過程，就算目前你已經鶴立雞群，也不代表你是最好的。你還可以表現得更好！只有漠視自己過去的成就，你才能創造出更偉大的明天。

無法改變環境，就試著改變心境

熱愛生活的人，無論處於順境逆境，都能以健康的心態面對。他們知道，人如果不能改變環境，那就只能改變自己。

有兩個搬運者推著一車滿滿的花瓶，不經意摔破了其中兩只。一個人悲傷地說：「眞倒楣，摔碎了兩個花瓶！」另一個則欣慰地說：「好險，只摔碎了兩個花瓶！」

現實生活中，只見樹木不見森林、只在意眼前的挫折憤慨而不敞開心胸面對的人實在不少。

相較於第一個人的動輒埋怨，第二個人不計較失去多少，而著眼於自己還擁有的。這種豁達的人生觀，可以使人在遭遇挫折時看見光明，並對自己充滿信心。

人生有太多的煩惱，我們必須為一日三餐操勞，為讀書就業困擾，為經濟不景氣憂慮，為人際關係躊躇。每一樁、每一件大事小事都牽引著我們的心，無端消耗著我們的精力。

面對迎面而來種種生活的挑戰，我們不由得心生感慨：活著好累！

生活環境不斷地進步，機械化、電子化設備逐漸取代了人力，我們所謂的「累」，指的並不是體力上的付出，而是感慨心力的加倍消耗。

我們無時無刻不在競爭，不在比較，不在求進步，不在往前走。漸漸地，心理層面的疲憊滲透到了身體表層，當我們打從心底感到疲累時，身體才會知道什麼叫做累。

從前，有一位老音樂家因為被人陷害而進了監獄坐牢，一天的時間裡，總是有好幾個小時必須埋頭苦幹的鍘草。老音樂家拖著老邁的身軀，屈著身體在獄中整整鍘了十年的草。等他出獄了以後，人們卻驚奇地發現，他並沒有因此而憔悴衰老，反而顯得更加容光煥發。

有人詢問他其中原因，而老音樂家只是微笑地說：「我怎麼會老呢？我每天鍘草都是用四／四拍鍘的。」

因為心情飛揚，所以他的一舉一動都能蘊含著旋律，在艱苦的環境中，他用四／四拍的節奏譜成了一首鍘草的樂章。

無獨有偶，電影《芙蓉鎮》裡那個被下放到農村勞改的知識分子，也並不以失意為苦，不為自己的命運嗟歎。

每天清晨掃地時，他都用雙手揮動著掃把，腳上踏著華爾茲舞步，名副其實的「揮灑自如，自得其樂」。這樣的動作足以除卻他一身的髒污，根本找不到有什麼理由可以使他不快樂！

法國大文豪福樓拜在他的代表作《包法利夫人》裡，曾經寫過這麼一句話：「人生每多失望，能把思想寄託在高貴的性格、純潔的感情和幸福的境界上，也就大可自慰了。」

生命過程中，無可避免地會遭遇一些讓我們失望、痛苦的逆境。熱愛生活的人，無論處於順境逆境，都能以健康的心態面對。他們知道，人如果不能改變環境，那就只能改變自己。

快樂與不快樂，其實都是自己的選擇。只有心向太陽，胸懷希望，忘掉自己失去的，珍惜自己擁有的，才能活得瀟灑，活得自在。

天才，是從一個小優點開始

不管這個優點是多麼渺小，它畢竟是個優點。你便可以把這項優點當作基礎，進一步擴張你的優點範圍。

日本作家池田大作曾說：「在生活中，最可憐的是一輩子沒有理想信念，行動不堅決果斷，總是對自己缺乏信心，害怕別人說常道短。」

對自己缺乏信心的人，很難活出亮麗的人生，他們只會隨波逐流，然後在幽暗的角落自怨自艾。

想要別人肯定你，你必須先肯定自己。天底下沒有一無是處的人，有的只是看不見自己優點的人。

法國一代文豪大仲馬在成名前，生活過得十分窮困潦倒。有一次，他跑到巴黎拜訪他父親的一位朋友，請求他幫忙找個謀生的工作。

父親的朋友問他：「你會做什麼？」

「說來慚愧，我並沒有什麼了不得的本領。」

「你的數學精通嗎？」

「不，我的數學成績一向不太好。」

「你懂物理嗎？或者懂歷史？」

「說真的，我什麼都不知道。」

「那麼會計呢？或者……你懂法律嗎？」

大仲馬滿臉通紅，生平第一次體認到自己在就業市場根本一無是處，他畢恭畢敬地說：「我知道我自己什麼都不行，但是現在我一定會努力彌補這些缺點。相信不久之後，我就能給您一個滿意的答覆。」

父親的朋友對他說：「可是，你終究還是要生活的啊！這樣吧，你把你的住址寫在這張紙上吧，我再替你想想辦法！」

基於長輩的盛情，大仲馬只好恭敬不如從命，拿起筆仔仔細細地在紙條上寫下了他的住址。

父親的朋友在一旁觀看，驚喜地叫道：「看呀！你終究有一項長處，你的名字寫得很好呀！」

瑞士作家赫塞曾經寫道：「我開始懂得，痛苦、失望和悲傷，不是為了使我們發怒、自暴自棄和墮落沉淪，而是要使我們成熟和清醒。」

從失意和挫折之中找出自己眞正的優點，才能快速成長茁壯，成熟而清醒地走向正確的人生道路。

即使是一代文豪，在作品受到衆人肯定之前，也會因爲四處碰壁，而有懷疑自己一無是處的時候。

然而，一個關係不甚密切的長輩，卻能夠發現他一個看似不是什麼優點的優點——至少他可以把名字寫得很好。這說明了每個人的長處、優點，都是需要去挖掘的。

把自己的名字寫好，也許這並不是什麼了不起的大事，但是，不管這個優點是多麼渺小，它畢竟是個優點。你便可以把這項優點當作基礎，進一步擴張你的優點範圍。

既然你可以把名字寫好，那麼就可以把字寫好；字能寫得好，文章爲什麼不能寫好呢？

每個天才的起源，也不過是這些似是而非的優點罷了！

隨時設法激發自己的潛力

平時就要設法激發自己的潛能，不要等到有人用槍指著你時才拚命，因為你不能確定他是要救你，還是真的想幹掉你！

潛力是一個人隱藏於內在的能力，換句話說，也就是尚未表現出來的能力。

既然還沒有表現出來，我們又怎麼知道它是真實存在呢？

事實上，透過許多危急場面，我們可以清楚知道，人的潛力是相當驚人的，只是平時我們忘了它的存在罷了！

不要等待伯樂，能夠激發你潛力的，只有你自己。

一隊士兵行走在叢林之中，由於天色非常昏暗，幾乎看不清楚前方的道路，一個士兵因此不小心跌落到急流裡去了。士兵拚命在水中掙扎，結果卻只是徒勞無功，因為這區的水流實在太湍急了。

岸上的其他士兵面對突如其來的狀況絞盡腦汁，使用各式各樣的方法，都無法及時搶救他們的同伴。泳技都不怎麼高明的士兵們，只好眼睜睜地看著同伴被激流越沖越遠。

慌亂中，領導部隊的軍官像是想到了什麼似的，連忙問其他的士兵：「他會游泳嗎？」

一位士兵回答：「我想會吧！他剛才還在急流裡大喊大叫的，不過，這會兒他可能沒有體力了。」

不料，軍官聽了，卻舉起自己的步槍來，對著溺水士兵的左方開了兩槍，一邊開槍一邊在岸上嚷嚷：「你這個臭小子，想當逃兵啊！我限你在三分鐘之內游回來，不然我就用槍打死你！」

吼著吼著，軍官又用槍朝水中士兵的右方補了兩槍。槍彈無眼，發出嚇人的聲響，並且在水中激起很大的水花。

過了一會兒，只見這位溺水的士兵，在軍官的叫喝聲和槍彈的猛烈攻擊中，使盡全身的力氣奮力朝河岸游回來，好不容易終於游上了岸。

臉色蒼白的士兵才剛上岸，就筋疲力盡地癱倒在地了。等到他恢復力氣之後，疑惑地問軍官：「長官，剛才我都已經快要淹死了，你為什麼還要落井下石，開槍打我呢？」

軍官回瞪他一眼，沒好氣地說：「我不用槍把你的膽子嚇出來，你不是早就死在水裡了？」

人的潛能，總是在最緊要關頭才會被激發出來。這樣的習慣或許能救你一命，但卻不一定能保住你的飯碗！

美國奇異公司曾經有這樣的例子。

一位經理因爲表現優異被擢升爲副總經理，但是上任二個多月之後便被撤換下來了。這個老兄很生氣地去找總裁理論，總裁淡淡地告訴他：「你的表現確實和你當經理時一樣賣力，但別忘了你是副總經理。」

美國作家巴斯卡．里雅在《愛和生活》裡說：「人的潛能是無窮的，人的發展也是沒有止境的，每一個人天生都是偉大的創造者。」

善用你的潛能，讓它發揮更澎湃的創造力量！

平時就要設法激發自己的潛能，不要等到有人用槍指著你時才拚命，因爲你不能確定他是要救你，還是眞的想幹掉你！

說不可能是可恥的

「不可能」這三個字，還是留給那些不敢嘗試的人來說吧！

對一個想成功的人來說，說不可能是可恥的。

印度詩人泰戈爾在《戈拉》一書中，曾經寫下這樣的詩句：「不要朝後看，不要猶豫，不管等待著你的是什模樣的命運，都要勇敢地去迎接它，歡欣鼓舞地朝前方邁進。」

前方那座山看起來很高很大，你見到了，也許一開始就退縮，認爲自己永遠也爬不上去。

但是，它眞的無法征服嗎？攀爬過的人會告訴你，其實那沒有什麼，你該做的，只是一步一步勇敢向前走而已。

二〇〇一年五月二十日，美國有一位名字叫做喬治．赫伯特的推銷員，成功地將一把斧頭推銷給了小布希總統。

布魯金斯學會得知這一消息後，隨即把上面刻有「最偉大推銷員」的一只金靴子頒給了喬治．赫伯特。

這是自一九七五年以來，該學會一名學員成功把一台微型錄音機賣給尼克森總統之後，又一名學員跨越這個最高的門檻。

布魯金斯學會以培養世界上最優秀的推銷員聞名於世。它會在每一期學員畢業時，設計一道最能體現推銷員能力的測驗題，讓學生想盡辦法完成，能夠完成的人，日後幾乎都成為出類拔萃的推銷員。

在前總統柯林頓當政期間，他們出了這麼一道題目：請把一條內褲推銷給現任總統。整整八年的時間裡，無數學員為了這道難題絞盡腦汁，可是最後都不得其門而入。

二〇〇一年，柯林頓卸任以後，布魯金斯學會把題目換成：請將一把斧頭推銷給小布希總統。

有鑑於前八年的失敗與警惕，很多學員一開始就知難而退。

把內褲賣給總統勉強還說得過去，因為總統至少穿得到內褲，但是要把斧頭賣給總統，這根本是一項不可能的任務。總統要斧頭來幹什麼，難道會蠢到學華盛頓砍櫻桃樹嗎？

就在所有人都裹足不前時，喬治．赫伯特卻完成了這項不可能的任務，而且沒有花費多少功夫。

在接受記者採訪時，他說：「我認為，將一把斧頭推銷給小布希總統並沒有多大的困難，因為布希總統在德克薩斯州有一座農場，裡面長著許多樹。所以，我寫了一封信給總統，大意是說：我有幸曾經參觀過您的農場，發現裡面長了許多矢菊樹，其中有一些已經死掉，這是因為木質已變得鬆軟的緣故。因此我想，您一定需要一把小斧頭，但是從您現在的身體狀況看來，新型的小斧頭顯然太輕，一把不甚鋒利的老斧頭應該比較符合您的需要。現在，我這兒正好有一把這樣的斧頭，很適合用來砍伐枯樹。如果您有興趣的話，請用我為您準備好的回郵信封，給予回覆……然後，布希總統就給我匯來了十五美元。」

布魯金斯學會在表彰喬治·赫伯特時表示，金靴子獎已經閒置了二十六年，在這二十六年間，布魯金斯學會培養了數以萬計的推銷員，也造就了數以百計的百萬富翁，但是他們之所以沒有得到這只金靴子，是因為布魯金斯學院一直想尋找這麼一個人——一個不會因為旁人說目標難以達成而輕易放棄的人，一個不會因為事情困難重重而失去自信的人。

德拉克羅瓦曾經說過：「哪怕是最果斷的人，只要他對自己沒有信心，也會變成一個懦夫。」

一個人能否有成就，只要看他對自己是否有信心，想在這個競爭激烈的人生戰場上出人頭地，那麼就必須用信心去面對自己的人生。

曾經看過一部電影，在一次討論會上，男主角在眾人面前堅定地表示，他要製造原子彈，一個資深專家立即出聲說那是不可能的。

只見男主角聽了，緩緩地回答道：「對一個物理學家來說，說不可能是件可恥的事。」

同樣的，最優秀的推銷員不應該只是把產品賣給上門來的顧客，或是介紹給老顧客，更要把產品賣給那些看起來「不可能買」的人，這才符合「推銷」的宗旨，不是嗎？

只要勇敢踏出第一步，你會發現事情並沒有你想像的那麼難。「不可能」這三個字，還是留給那些不敢嘗試的人來說吧！對一個想成功的人來說，說不可能是可恥的。

認眞做自己心境的主人

不受歡迎的人的確會令人感到不悅，但是他只不過是這個環境的一小部分，你可以試著忽略他，不要被他左右、影響。

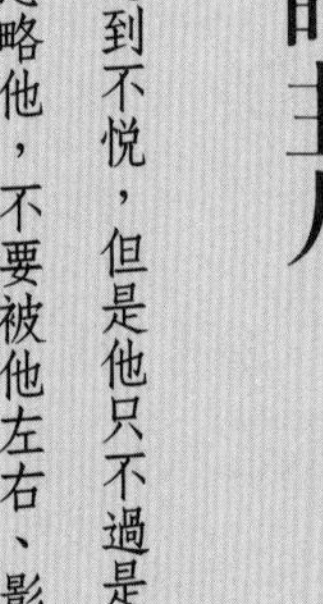

我們往往崇拜勝過我們的人，也往往瞧不起不如我們的人。

其實，這都是不正確的心態。外在環境裡的人物，只不過我們衡量自己的參考，既不必羨慕崇拜，也不必鄙視厭惡。

人要做自己心境的主人，往自己設定的人生目標前進，其餘的都只是人生旅程匆匆掠過的景色。

有一個非常有名的智者，窮盡畢生之力廣收天下門徒，數百人從四面八方遠道而來，希望可以從智者身上習得一點智慧。

每天每天，智者都悉心教導他們修身養性，鍛鍊自己的體魄。弟子們也非常上進，珍惜這個難得的教育機會，大多數都願意苦心研習，虛心請教，不負智者的苦心教導。

只有一個紈褲子弟不服管教，整天只知道吃喝玩樂，搞得校舍雞犬不寧，沒有人願意和他交往。

沒多久，這個搗蛋鬼引起天怒人怨，弟子們於是對師父下最後通牒：「如果您堅持要把那個討厭鬼留在這裡，那我們可要集體離開了。」

師父默默無言，幾天以後，弟子們果真紛紛離去。

誰知，十年過去了，在師父不厭其煩地教導下，這個最頑劣的弟子卻出乎意料地改變心性，而且成就遠遠超越眾人。

世界上的人有千百種，其中可能有你喜歡的，也會有你不滿意的。爲了躲避一個你不喜歡的人，而放棄一百個值得你交往的朋友，這是不是很傻呢？是很傻，但我們偏偏喜歡做這種傻事。

譬如，上健身房原本是爲了鍛鍊自己身體，卻因爲旁邊來了個不遵守規矩的鄉巴佬，我們常會氣呼呼地說：「再也不去了！」

譬如，上學是爲了增長自己的知識，卻因爲和隔壁的同學吵架，我們開始考慮轉學，甚至休學。

爲了躲避一隻狗而多繞三里路，這又是爲了什麼呢？

不受歡迎的路人甲的確會令人感到不悅，但是他只不過是這個環境的一小部分，你可以試著忽略他，不要被他左右、影響。

比起你到這裡來的眞正目的，那個討厭鬼根本算不上什麼，你又何必把他放在心裡最重要的位置呢？

虛心觀察世界，努力提升自己

用虛心的眼光看世界，用嚴格的眼光看自己，才能調整自己的姿態，讓自己在人生舞台上有更出色的演出。

俄國大文豪托爾斯泰曾經感慨地說：「大多數的人想改造這個世界，但卻少有人想改造自己。」

在觀看世界的時候，如果不能留一隻眼睛認識自己，又怎麼會有正確的眼光來改變這個世界呢？

日本江戶時代有兩位第一流的劍客，一位是宮本武藏，另一位是柳生義壽郎；

據說，宮本武藏是柳生義壽郎的師父。

當年，柳生在拜師學藝時，曾經問過師父：「以我的資質來說，要苦練多久才能成為日本第一流的劍客？」

宮本武藏回答：「最少要十年。」

年輕氣盛的柳生不死心，繼續問道：「那麼，如果我加倍苦練呢？」

宮本武藏回答：「那就要二十年。」

柳生一臉疑惑，又問：「如果我晚上不睡覺，不眠不休，日以繼夜地苦練，那要多久才能成功？」

宮本武藏笑了笑，答道：「如果你真的那麼做，那麼你根本不可能成為第一流的劍客，因為你必死無疑。」

柳生非常驚訝：「為什麼？」

宮本武藏這才說出劍道的精髓：「因為，要當一流劍客，就必須隨時留一隻眼睛注視自己，不斷檢討自己、反省自己。現在，你的兩隻眼睛都只死命盯著劍客的閃亮招牌，哪裡還有多出來的眼睛注視自己呢？」

柳生聽了這番話，不禁感到汗顏，從此認真體會劍道的真諦，終於成為一名第一流的劍客。

一個舞者說，精進舞藝最好的方法，不是閉門造車地苦練，而是仔細觀察其他舞者在舞台上的一舉一動，從中發覺自己的缺點。

不只是舞蹈，歌唱、棋藝、烹飪……做任何事情，我們都必須經過觀察別人、改善自己，才能學有所成。

觀察別人的目的就是要改善提升自己，一心一意只觀照自己，卻不想改進自己的人，到頭來只會成爲一隻井底之蛙。

用虛心的眼光看世界，用嚴格的眼光看自己，隨時知道自己與別人之間的距離，才能調整自己的姿態，讓自己在人生舞台上有更出色的演出。

你爲什麼只有羨慕的份？

德國詩人海涅在《還鄉集》裡寫道：「我的心啊，你要忍受命運的打擊。冬天奪走的東西，到了新春就又會還給你。」

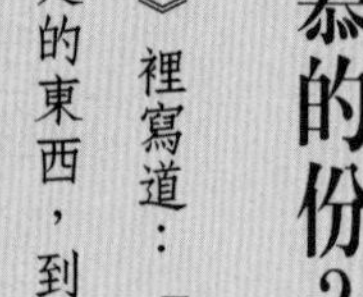

才跌倒了幾次，你就再也不站起來嗎？

如果是這樣，那你就像那些被魚刺噎了一次，就再也不願嘗試魚鮮美味的人一樣，想獲得成功，無異是件緣木求魚的事！

「百折不撓」不僅僅是一句掛在嘴上的成語，而是你可以付諸實現的座右銘，當你看著別人的成功而欣羨不已，不如鼓起勇氣告訴自己：「再多的困難我都不怕。」

有一位將軍的朋友非常欣羨他擁有的財產和好運氣，每當這個時候，這位將軍就會淡淡地說：「你嫉妒嗎？其實，你也可以很簡單就得到這些財富。」

他會帶著朋友到院子裡去，然後對他說：「你往前走，站在距離我五十步的位置，我用手槍對你開兩槍，如果我不能打中你，我的所有財產都歸你，如何？」

友人一聽，莫不嚇了一大跳，顫抖著身子說：「我一點也沒有嫉妒你，你別開玩笑了。」

這位將軍接著會嚴肅地對他們說：「你不願意嗎？很好，那麼請你記住，我今天的一切都是在槍林彈雨中努力得來的，我經歷好幾次出生入死的過程，才到達你們所羨慕的成就，我所有的付出和辛苦是你們所想像不到的。」

德國詩人海涅在《還鄉集》裡寫道：「我的心啊，你要忍受命運的打擊。冬天奪走的東西，到了新春就又會還給你。」

任何有成就的人或你心目中的偉人，沒有一個不是經歷了種種挫折和苦難，歷經了千辛萬苦才走到今天的輝煌境地。

他們有一個共同的特色，就是百折不撓、越挫越勇，磨練了一身好功夫後，才在劇烈的競爭中嶄露頭角，脫穎而出。

很多人只會羨慕別人功成名就，老是嫉妒別人的幸福富裕，卻看不見他們的辛苦付出，看不見他們走在危險路上的努力痕跡。

麻煩闔上你那羨慕的眼神，先好好做個功課，探究他們的成功過程，你就會知道爲什麼你只有羨慕的份了。

倘使不想只是羨慕，那就請你好好努力。

不要害怕困境，人生裡每一個問題的出現，其實都有特殊的用意，只要你能百折不撓地面對每一個難題，你也能長久擁有得來不易的成功。

10.

看法會決定你的做法

皮爾博士在《人生的光明面》裡說：
「逆境會使人變得更加偉大，
也會使人變得十分渺小，
它從來不會讓人保持原來模樣。」

每一個逆境，都是你磨練的機會

日本作家池田大作在《青春寄語》裡寫道：「成功絕對不是別人賜予的，而是一點一滴在自己生命之中築造起來的。」

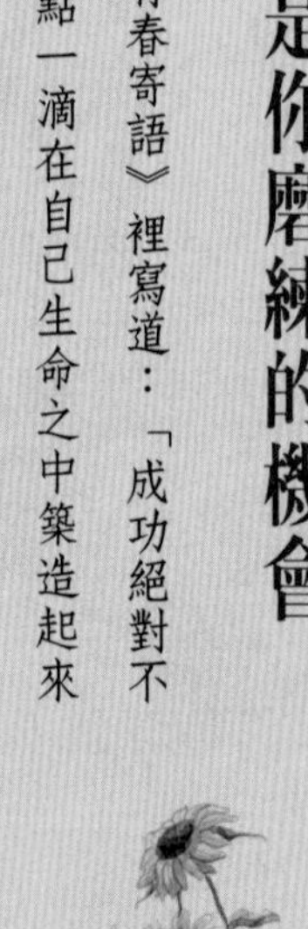

回想一下小時候，爲了學會騎腳踏車，我們不是常常摔車，而且弄得渾身是傷，但是我們還不是把它學會了？

找回學騎腳踏車時的精神，把每一個逆境都視爲考驗，只要克服了困境，你就能因爲堅強，而擁有更豐富精采的人生。

《百年孤寂》的作者馬奎斯，被全球權威文學評論家推選為世界十大作家之首時，曾說了這樣一段話：「我非常感謝文學評論家對我的厚愛，我也非常珍惜這些榮耀，但是，我更珍惜創作過程所受的各種打擊、挫折和失敗。至今我仍然清楚地記得偉大的編輯家德託雷先生，要不是他毫不留情地退回了我的第一部小說，我就不會有如今的成就……」

原來，馬奎斯二十二歲時，完成了第一部小說《獨裁者的秋天》。這是一本現今各文學評論家評價非常高的作品，可在當時，這部書稿卻屢遭退稿的命運。

有一次，當他把書稿送到阿根廷著名的洛柯達出版社後，不久便收到該社審稿的編輯，西班牙著名文學評論家德託雷寄來的退稿，其中還附了一張嚴峻批評：「此書毫無價值，甚至在藝術上也無可取之處。」

這位偉大的編輯家還給他一個相當苛薄的忠告，建議馬奎斯最好改行，從事其他工作，免得浪費生命。

受到這樣嚴厲的批評，相信一般人會因而放棄，甚至罵德託雷太狂妄高傲，但馬奎斯在榮獲十大作家之首時，卻非常誠懇地讚美德託雷是個偉大的編輯。

因為，要不是德託雷的嚴厲批評，馬奎斯就不會有今天這麼偉大的成就。這次退稿，反而讓馬奎斯更積極磨練自己，因為他不服氣，儘管面對重重的挫折和失敗，仍然咬緊牙關持續創作，終於榮登世界文學的最高峰，成為世界級的大師，也得到諾貝爾文學獎殊榮。

日本作池田大作在《青春寄語》裡寫道：「成功絕對不是別人賜予的，而是一點一滴在自己生命之中築造起來的。」

每一個跌倒，都要把它當作成功之前必經的磨練。

小時候騎腳踏車跌倒，我們可以拍拍屁股繼續練習，現在遭遇失敗挫折，不也應該保有這種精神。

不一定是準備成爲世界級的人物，才需要這樣的堅強，要記住，每一種困境都是你磨練的機會，越是嚴苛的考驗，越能讓你有不平凡的磨練和啓發。

給自己多一點掌聲

蒙田寫道：「我不在乎我在別人的心目中是如何，而是更重視我自己的心目中如何；我要靠自己而富足，不是靠求助於人。」

作家費茲傑羅曾說：「我們該重視的是自己在自己心中的價值，而不是自己在別人心中的地位。」

的確，人應該對自己充滿信心，不要自怨自艾，而且要竭盡所能把本身獨特的能力發揮出來，如此，許多貌似不可能的事情就會成爲可能。

人要活得充滿信心，才能享受自己的生活，因此每天告訴自己，你是獨一無二的，告訴自己，你就是第一。

每個人都有屬於自己的獨特才能，只要你相信自己，建立自己的信心，世界就會追隨在你的身後。

著名的推銷大王吉拉德，很小的時候就隨父母從義大利搬到了美國，在底特律的貧民區度過了悲慘的童年，生活中的痛苦和自卑，一直是他走不出來的傷痕。

每天必須為生活奔波勞碌的父親，總是告訴他：「認命吧，你是註定得一事無成了。」這種宿命的說法令他十分沮喪，常常想著自己暗淡無光的前程而苦悶悲傷不已。

但是有一天，他的母親卻這樣告訴他：「世界上沒有誰跟你一樣，孩子，你是獨一無二的。」

從此以後，他重燃起了新希望，開始認定自己就是第一，沒有任何人可以比得上自己。

建立起自信的他，也奠定了成功的基礎。

他第一次去面試時，這家公司的秘書跟他要名片，他不慌不忙地遞上一張黑桃

A，這個怪異的舉動讓他得到立即面試的機會。

面試時，經理疑惑地問他：「你是黑桃A？」

「是的。」他信心十足地回答說。

「為什麼是黑桃A，不是別的？」

「因為A代表第一，而我剛好就是第一。」

就這樣，他被錄取了。

想知道後來的吉拉德嗎？

他真的成了世界第一的推銷員，業績是年銷量一千四百二十五輛車，創造了輝煌的紀錄，不簡單吧！

心理學家分析，這是因為，吉拉德每天睡之前都會不斷地對自己說：「我是第一。」這樣的自我暗示，更加堅定了他的信心和勇氣，日積月累之後，他的自然得到了有力的潛移效果。

如何，要不要學學吉拉德的自我激勵方法？就從現在開始，每天多給自己一點激勵吧！

法國思想家蒙田曾在《隨筆》裡寫道：「我不在乎我在別人的心目中是如何，而是更重視我自己的心目中如何；我要靠自己而富足，不是靠求助於人。」

不管別人怎麼看你，不管別人怎麼說你，最重要的是，你就是你，像手上的指紋，全世界不會有人是一模一樣的情況相同，你就是那樣的獨一無二。

記住，一個連自己都不相信的人，就別指望別人相信，再多人的鼓舞，怎麼也比不上你給自己的掌聲。

你也可以戰勝生命中的暴風雨

義大利作家梅塔斯塔齊爾曾經寫道：「一棵纖弱的灌木，雖然在暴風雨中屈身地搖晃，但它最終能戰勝暴風雨。」

許多成就不凡事業的成功人士都提醒我們：災難是人試金石，困難是人生的教科書。

確實如此，不管做什麼事情，只要你勇敢面對，堅持不懈，保持積極的態度向前邁進，目標就一定會實現！

當代激勵大師安東尼．羅賓在某次演說中談及如何面對挫折時，曾講了一個朋友在一次滑雪比賽中，體驗到一個深刻的經驗。

這位住在明尼蘇達州的朋友一時興起買了滑雪板，隨即就報名參加滑雪訓練，後來還參加一次高難度的滑雪比賽。

在這次比賽當中，開始時他滑得很順利，速度快而且俐落而漂亮，但是，就在他滑了四分之一之後，開始覺得有點力不從心。他眼睜睜地看著別人輕輕鬆鬆從身邊滑過，不一會兒工夫，一大片雪地上就只剩下他一個人，孤零零地在冰天雪地裡中吃力地滑著，這時候他整個心裡充滿挫敗感。

他本來打算要用兩個小時滑完全程，但嚴寒的風雪刺痛了全身，體力也消耗得差不多，四肢無力的他，開始萌生放棄的念頭。

偏偏身處偏僻的深林裡，加上積雪相當寒冷，他只能把這個念頭暫時擱置，先努力滑到終點再說，於是他就這樣支持了下去。

過程中，他一直幻想著，期望路旁會有散發著溫暖熱氣的小木屋出現，或是希望有輛急救車突然出現，推開積雪把他帶走。當然，這些都是空想而已，但是就這樣想著、滑著，他終於硬著頭皮滑完全程，而且時間跟預期的差不了多少。

安東尼．羅賓說，這朋友對自己的這件事總是津津樂道，而且每次都講得口沫橫飛。因為，這件事給了他一個認識自己的機會，更給了他一個努力堅持而得到勝利的美好記憶。從此之後，他在生活中不管碰到任何艱難險阻，都不再害怕、退縮了。

義大利作家梅塔斯塔齊爾曾經寫道：「一棵纖弱的灌木，雖然在暴風雨中屈身地搖晃，但它最終能戰勝暴風雨。」

生命中的暴風雨其實並不可怕，只要你肯挺身勇敢面對它，就可以戰勝它。只要你經歷失敗挫折時，毫不放棄、堅持不懈，當你通過了這個考驗，累積了這個艱苦的經驗，品嚐過了付出後的甜美豐收，往後任何失敗和困難，你都會覺得輕鬆簡單，不再輕易放棄。

只要堅持下去，事情一定會有轉機

法國文豪巴爾札克說：「苦難對於一個天才是一塊墊腳石，對於能幹的人是一筆財富，而對於庸人卻是一個萬丈深淵。」

任何苦難，都一定會有盡頭。

如果，你可以回想到最難過的曾經，那就表示那個「曾經的苦難」已經走過去了，就像電視劇一樣，不管播了幾百集，一定會有第一集的開始，自然也會有最後一集的大結局。

只要能堅持下去，事情就一定會有意想不到的結局，同時還會接著播映另一個美好的開始。

著名的體育播報員羅納德經常鼓勵失敗的人：「只要堅持下去，有一天情況總會好轉。」

這是因為，每當他感到失意沮喪的時候，他的母親便會適時對他說：「如果你堅持下去，總有一天，你一定會等到好運氣和機會降臨，而且，到時候你會知道，如果沒有經歷過失望，你不會有這個成功的機會。」

母親的這番話，在他大學畢業後真的實現了。

當時，他希望能進到電台工作，成為一位體育播報員，於是從伊利諾州搭了便車千里迢迢前去芝加哥，親自拜訪每一家電台，但每次都碰了一鼻子灰。

在拜訪過程中，有一家電台的廣播小姐和氣地告訴他，大電台是不會冒險僱用一名毫無經驗的新手。「去找家小電台試試，或許那裡的機會比較大。」她勸告羅納德說。

於是，他又搭便車回到了伊利諾州的迪克遜，但是仍然沒能如願，失望之情從他臉上一看就知。

「最好的機會總會到來。」這時，母親提醒他說。

於是，他再度出發，試了愛荷華州達文波特的WOC電台。

節目部主任是位很不錯的蘇格蘭人，名叫彼特・麥克阿瑟，但他說他們剛新聘了一名播音員。於是，羅納德便帶著非常失望和沮喪的心情離開，此時，他受挫的鬱悶一下子發作了起來，大聲地說：「我要是不能在電台工作，如何能當一名體育播音員呢？」

當他在等電梯時，突然聽到麥克阿瑟的叫聲：「請問，你剛才說什麼體育？你懂得橄欖球嗎？」

羅納德點了點頭。接著麥克阿瑟讓他站在一個麥克風前，要他憑想像力播報一場比賽。於是，羅納德開始播報前年秋天，他參加的橄欖，在最後二十秒時以一個六十五碼球擊敗了對方……

隨後，麥克阿瑟告訴他，他將開始播報星期六的一場比賽。

在回家的路上，他想起了母親的話：「只要你堅持下去，總有一天你會遇上好運，並且你會明白有了這些挫折和堅持，生命裡會有很多希望和機會將發生。」

不要因爲事情不如預期而感到痛苦，只要一步一步往自己設定的目標前進，就能位自己創造奇蹟！

不要畏懼前面的道路有什麼艱難，多給自己多一點信心和勇氣，展開實際行動，永遠比灰心喪氣還有用。

法國文豪巴爾札克說：「苦難對於一個天才是一塊墊腳石，對於能幹的人是一筆財富，而對於庸人卻是一個萬丈深淵。」

有人在厄運和不幸面前從不屈服，也不退縮，更不動搖，會頑強地和命運抗爭到底。因而，他們能在重重的困難中，衝開一條通向勝利的路，成爲征服困難的英雄，同時也是一個掌握自己命運的主人。

立志當珍珠，不要當沙子

作家A．芭芭耶娃在《人和命運》裡說：「不必誇耀自己擁有什麼才能，關於這一點，別人要比我們看得清楚。」

不要只會抱怨別人，也不要只知埋怨環境不公，人生的機會其實很多，但只給肯腳踏實地的人。

你還在責罵全世界的不公嗎？不如先反省自己吧！

有個年輕人在學校的課業成績很好，但是畢業後卻屢屢碰壁，一直找不到理想的工作。

他總是抱怨自己懷才不遇，對社會感到非常失望，抱怨政府無能，責怪老闆現實，對大環境既傷心又絕望。

有一天，這個年輕人懷著痛苦的心情來到海邊，打算就此結束自己的生命，當他走入海裡即將被海水淹沒的時候，一個老漁夫把他救了起來。

老人問他為什麼要走上絕路。

年輕人忿忿不平地說：「我得不到別人和社會的肯定，沒有人能欣賞我，覺得活在這樣的世間根本就沒有意義！」

這時，老漁夫從腳下撿起了一粒沙子，讓年輕人仔細的看了一會兒，然後隨手扔到地上，接著對他說：「請你把剛才扔在地上的那粒沙子撿起來吧！」

「這哪有可能！」年輕人瞪大了眼，低頭看了一下說。

老漁夫沒有回應，從口袋裡拿出一顆白皙明亮的珍珠，扔到了沙灘上，然後對年輕人說：「你能把這顆珍珠撿起來嗎？」

「當然能！」年輕人以為老漁夫是在跟他開玩笑。

這時，老漁夫認真的說：「你明白問題所在了吧？現在的你，還不是一顆光彩耀人的珍珠，當然不能期望別人馬上肯定你。想讓別人看見你，你就要想辦法讓自己成為一顆珍珠才行。」

年輕人點了點頭，若有所思的低頭不語。

作家A．芭芭耶娃在《人和命運》裡說：「不必誇耀自己擁有什麼才能，關於這一點，別人要比我們看得清楚。」

任何一個人，一開始都必須知道自己只是顆普通的沙粒，而不是價值連城的珍珠，想要出人頭地，就必須先累積自己的資本才行。

想要讓自己像珍珠一樣，就得不斷提高自己的能力和價值，認眞紮實地累積，當你成爲一顆渾圓又光亮的珍珠，就算你身藏再深的海底，也一定有人會潛到深海將你尋找出來。

看法會決定你的做法

皮爾博士在《人生的光明面》裡說：「逆境會使人變得更加偉大，也會使人變得十分渺小，它從來不會讓人保持原來模樣。」

不可否認的，一些外在的因素常常會影響一個人的命運，但是，一個人的命運主要還是掌握在自己的手中。

法國作家安德烈·紀德的小說中，有一段激勵人心的話說得很好，值得我們銘記在心：「人人都有驚人的潛力，要相信自己的力量與青春，要不斷告訴自己：我就是命運的主宰。」

每個人都是自己命運的設計師，命運會變成什麼模樣，全在於我們對生命的看法。

艾美是個聰明美麗的女孩，不幸的是，她出生之時，兩腿就沒有骨頭，一歲的時候，她的父母做出了充滿勇氣卻備受爭議的決定，把艾美膝蓋以下的部位截切。從此，艾美一直在父母懷抱和輪椅中生活。

長大後，艾美裝上了義肢，憑著驚人的毅力，她不僅能跑步，還能跳舞和溜冰，還經常到學校或傷殘人士的聚會上演講；她也當過模特兒，常常出現在時裝雜誌的封面上。

希西也是一位知名的殘障人士，然而，和艾美不同的是，希西並非天生就是殘疾，殘廢之前，她還曾經在英國《每日鏡報》的「夢幻女郎」選美賽中，一舉奪后冠。

一九九〇年她到南斯拉夫旅遊時，決定僑居下來。在南斯拉夫內戰期間，她設立難民營，並用模特兒賺來的錢設立基金會，幫助因戰爭而殘障的兒童和孤兒。不幸的是，一九九三年八月，她被一輛警車撞倒，肋骨斷裂，還失去了左腿。

但是，她沒有被這個不幸遭遇擊垮，反而更加堅強地生活，後來她還到柬埔寨、車臣等地呼籲禁雷，為殘疾人爭取權益。

也許是緣分，希西和艾美某次會見國際著名義肢專家時相識。

如今她們兩個人可說是情同姐妹，雖然肢體不全，但是她們從不覺得這是什麼人生憾事，反而覺得正是這種特殊的人生體驗，給了她們堅韌的意志和生命力。

她們現在使用著義肢，也能行動自如，只要不掀開遮蓋著膝蓋的裙子，幾乎沒有人能看出這兩位美女套著義肢。

許多不知情的人常常稱讚她們：「妳的腿形長得真美，看這線條，看這腳踝，看這腳趾甲塗得多漂亮啊！」

艾美說：「我雖然從小就失去雙腿，但是，我和世界上其他的女性並沒什麼不同，我也愛打扮，也希望自己更有女人味。」

她們幾乎忘了自己的殘缺，人生在她們眼裡是那麼的美好，她們從不怨天尤人。

當代激勵大師文森．皮爾博士在他的代表作《人生的光明面》裡說：「逆境會使人變得更加偉大，也會使人變得十分渺小，它從來不會讓人保持原來模樣。」

在我們的生活當中，有一半的事是好的，一半的事是不好的。如果，你希望能過得快樂，就應該把精神放在這百分之五十的美好事物上面；如果你喜歡憂傷、沮喪，或煩惱得胃腸潰瘍，那麼誰也無法阻止你，你就把精神放在那百分之五十的壞事情上吧！

危機就是超越自我的契機

作家亞布杜拉．何塞因說：「所謂的力量，並不是體力的代名詞，真正的力量是肉體與意志結合之後所激發的能量。」

生命中的任何危機都是一次挑戰，也是一次難得的機遇。

只要你不被眼前的險境嚇倒，而勇於奮力一搏，相信你就會因此而創造出超越自我的奇蹟。

法國某個野外軍用機場，曾經發生一件令人不可思議的奇蹟。

一個艷高照的午后，一位名叫桑尼的飛行員，正神情愉快地用自來水槍清洗他平日駕駛的戰鬥機。

突然，有個人用力拍了一下他的後背，桑尼回頭一看，頓時嚇得面無血色，發出一聲驚叫。因為，拍他的竟然是一隻又壯又碩的大灰熊，正舉著兩隻大爪，站在他的背後！

見狀，桑尼急中生智，迅速把手上的自來水槍轉向大灰熊。不過，也許是用力太猛，在這個緊急的時刻，自來水槍竟然從手中滑脫，而大灰熊則朝著他撲了過來。

這時，桑尼本能地閉上雙眼，使盡了全身力氣，縱身一躍，跳上了機翼，然後大聲呼喊求救。

站崗的哨兵聽見了求救聲，連忙拿了衝鋒槍跑了出來，看見了大灰熊，立即朝著牠連開了數槍，不久就將牠擊斃了。

事後，每個人都對桑尼的跳躍能力感到非常困惑，因為機翼離地面最起碼有二公尺多高，桑尼竟然能在完全沒有助跑的情況就跳了上去，簡直是一件神奇的事情。

於是，大家都開玩笑地對桑尼說，不如去當個跳高運動員，必定創造世界紀錄，為國爭光。在大家慫恿下，桑尼再次嘗試立定跳高，但是做了好幾次試驗，他都沒能再跳上機翼。

作家亞布杜拉．何塞因說：「所謂的力量，並不是體力的代名詞，真正的力量是肉體與意志結合之後所激發的能量。」

身處險境，遇上必須全力克服困難的時候，每個人都會本能地想辦法保護自己、拯救自己，也經常像飛行員桑尼一樣，激發令人難以置信的潛能。

就像許多心理學家一再告訴我們的，大部份的潛能都是在眞正遇上困難時才會被激發。

所以，不要害怕遇上困難和挫折，因爲有了它們，你才有機會發現自己的潛能，也才能知道，原來沒有什麼事是不可能的。

不斷學習才能不斷獲得

孟德斯鳩說：「我們接受三種教育，一種來自父母，一種來自師長，一種來自社會。第三種教育與前兩種完全背道而馳。」

有人會認爲，知識和學問是經由讀書獲得的，其實，更重要的學問不在學校或課本，而是經由不斷學習、研究才能獲得。

人應該像海綿一樣，不斷吸收有用的知識，彌補自己的不足。

期末考試的最後一天，一群大四學生在台階上擠成一團，正在討論著即將開始的考試，這是他們畢業前的最後一次測驗，每個人臉上充滿了自信。

有些人談論著自己已經找到的工作，另外一些人則談論著他們理想中的工作。他們對這四年來的學習成果相當有信心，都認為自己是最優秀的人才，甚至還可以征服全世界。

考試即將開始，教授告訴他們可以帶任何想帶的書本或筆記，但不能在測驗的時候交談。

學生們高高興興進了教室，教授把試卷發了下來，當他們發現只有五個考題，臉上的笑容更加燦爛。

考試時間結束了，教授開始收卷，但學生們臉上的笑容不再，看起來完全沒有了自信，臉上寫滿了沮喪。教授看著一張張焦急的臉，問道：「五個題目都完成的請舉手！」

竟然沒有一個人舉手。

「那完成四題的請舉手？」

沒想到還是沒有人舉手。

「完成三題的請舉手！」

「寫完兩道題的呢？」

問到這裡，每個學生們焦躁不安地在座位上騷動起來。

「那麼一題呢？有沒有人完成了一題的？」

此刻，整個教室寂靜無聲，於是，教授放下了考卷，對著學生說：「沒錯，這正是我期待的結果。」

這時，有學生頗為不滿地發起牢騷。教授知道他們在想什麼，帶著勉勵而感性的語氣說：「我只是要讓你們留下一個深刻的印象，讓你們知道，即使大家完成了四年的學業，但是在學校和課本之外，仍然有很多東西是你們還不知道的，這些你們不能回答的問題，其實和你們即將面對的未來生活有關。」

他微笑著補充：「放心好了，你們都會順利畢業，但是千萬要記住，即使你們大學畢業了，你們的教育才剛剛開始。」

孟德斯鳩說：「我們接受三種教育，一種來自父母，一種來自師長，一種來自社會。第三種教育與前兩種完全背道而馳。」

畢業前，你們一定聽過這樣的勉勵：「恭禧你們大學畢業了，不過，接下來要進入的社會大學，才是你們眞正學習的開始。」

從小我們接受正規的學校教育，有了知識上的學習與累積；當我們慢慢成長，接觸的層面日漸寬廣，我們也開始面對生活裡的現實。

直到進入社會，有了工作，我們的人生才正要開始，任何會遇到的難題或人際上的交流……等等，全都和學校裡遇到的不同，沒有辦法舉例援用。

也許有人幸運一點，能遇到貴人指點，但大多時候，事情都必須靠自己加以解決，而這就是社會大學的多元性，也是一輩子都要認眞學習的必修課程。

不要讓失敗對自己造成傷害

心理學家艾德勒說：「你愈不把失敗當作一回事，失敗就愈不能對你造成傷害，只要保持心態的平衡，成功的可能性也就愈大。」

有位作家曾說：「我不認為『失敗』會使我們失去什麼，因為真正的失敗是我們連試都不試就想放棄。」

的確，許多人在失敗之後常常說「本來是會贏的」之類的說法，他們並不是不可能成功，而是他們老早就已經放棄了。

約翰·克利斯是一位英國小說家，著作等身的他，一生總共寫過五百六十四本書，但是，在成名之前，他所遭遇的退稿挫折可一點也不少於他出版過的書量。就算瑪格麗特・米契爾在成名作《飄》出版前，收到的退稿也不少於此；梵谷在他有生之年，幾乎沒有賣出任何一幅畫；貝比・魯斯剛進大聯盟的時候，也只有坐冷板凳的份，有誰知道後來他會擊出了七百十四支全壘打……

許多享譽世界的名人，幾乎都歷經了各種挫折甚至難堪，才能有今天的成就。這些成功的人之所以成功，是因為他們懂得從失敗中獲得智慧。

沒有任何人天生就是贏家，贏家都是跌了好幾次跤才走到現在的寶座，他們所擁有的傷痕肯定比得到的獎牌還要多。

那是因為他們在成功的關鍵時刻，明白只要再支撐一分鐘，就還有機會改變自己的命運。

大多數人都只想追求速成的成功，認為一生中最重要的就只一個「贏」字，一旦失敗了就怪罪別人、歸咎環境，甚至埋怨老天，總是給自己一大堆藉口推卸責任，有趣的是，當他們成功的時候，卻很少會把功勞歸給旁人。

奧地利心理學家艾德勒曾經勵世人說：「你愈不把失敗當作一回事，失敗就愈不能對你造成傷害，只要保持心態的平衡，成功的可能性也就愈大。」

明白艾德勒所說的意思嗎？

其實，這就是東方宗教所說的「平常心」。當你因爲想做而去做，爲了夢想前進而前進，那麼連失敗都有正面的價值！

去問一問溜冰高手怎樣才能學會溜冰，相信他一定會告訴你：「跌倒，爬起來，你就成功了。」

11.

你的人生只是夢幻泡影？

丹麥詩人皮特海因曾說：

「人唯有像樹木一樣自然成長、

飽經風霜，才能根深葉茂。」

充滿鬥志就能創造自己的價值

印度詩聖泰戈爾在《沉船》中寫道：「上天完全是為了堅強我們的意志，才在我們的道路上設下重重的障礙。」

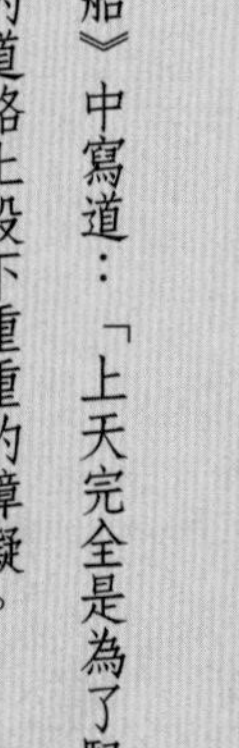

不管你眼前的際遇如何，都要充滿鬥志，不能小看自己。調整好自己的心態，建立充分的自信，客觀審視自己，永遠懷抱希望，有助於自己走好往後的人生旅程。

生活是一場「戰鬥」，無論身處什麼社會地位，人只要勇於追求自己的夢想，都有生存的價值和意義。一個人只要對生活抱持真誠的態度，那麼他不僅擁有了當下，也能掌控未來。

牛頓是英國格雷哈姆附近一個地產商的兒子，拉普拉斯則是漢弗勒爾附近的波蒙特福奇一位貧窮農民的兒子。

他們的生活有著不同的困境，但這兩位傑出科學家盡情發揮他們的天賦，終究在自己專精的領域功成名就，這種成就是任何財富也無法買到的。

天文學家兼數學家拉格萊姆的父親，原本在都靈擔任戰地財務主管，然而卻因為多次從事投機的生意，把家產全部賠光了，拉格萊姆一家從此生活貧困。

但是，功成名就之後，拉格萊姆總習慣把他的成就和幸福，歸功於當初的艱困生活條件對他的磨練。

拉格萊姆說：「如果當初我的生活是富裕的話，很可能今天的我，就當不成數學家了。」

印度詩聖泰戈爾在《沉船》中寫道：「上天完全是為了堅強我們的意志，才在我們的道路上設下重重的障礙。」

許多成功人士都是憑著自己的努力和充滿活力的奮鬥，從最低微的社會底層攀爬到具有影響力的傑出地位。

因此，我們可以這麼說：「不幸，是一所最好的大學。」

身處困境或出身低微並不可恥，可恥的是在貧困中沉淪、墮落。在困境中，你越要激勵自己奮發向上，因爲，艱困的情況將會是你走向成功不可或缺的有利條件。

失去了信念，你就會失去了一切

法國思想家沙特在解釋「存在主義」時說：「只有當一個人堅定自己的信念時，他才有生存下去的勇氣。」

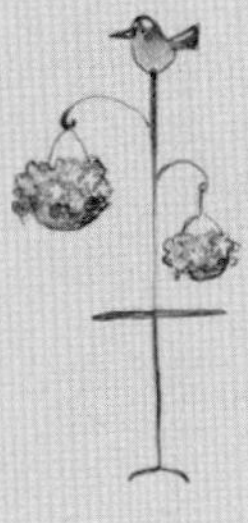

懂得將眼光放遠的人，世界將無比遼闊，絕對不會讓自己陷入負面情境，他們會讓自己站得更高，看得更遠，望向更寬廣的世界。

你爲什麼而活著，又用什麼角度看待你的人生？先認清你的生命態度，那麼，就算再顛簸的路，也會因爲你清楚自己的人生目標而被雙腳踏平。

在紐約警局發生過一個真實的悲慘故事。

有位叫亞瑟爾的警察，在一次追捕行動中，被歹徒用槍射中了他的左眼和右腿膝蓋。三個月後當他從醫院裡出來時，外表完全變了個樣，原本他是高大魁梧、雙目炯炯有神的年輕人，如今卻成了一個又瞎又跛的殘障人士。

紐約市政府和各種打擊犯罪組織頒給了他許多勳章和錦旗，他在接受訪問時，有個電台記者曾問他：「您以後將如何面對這個厄運呢？」

他充滿怨恨地回答說：「我只知道歹徒到現在都還沒有繩之以法，我發誓要親手把他抓到！」

亞瑟爾不顧任何人的勸阻，展開了追捕那個歹徒的行動，他幾乎跑遍了整個美國，甚至有次為了一個線索獨自搭機到歐洲去。

九年之後，那個歹徒終於在亞洲某個小國被逮捕，引渡回美國受審，這當然必須歸功於亞瑟鍥而不捨的追捕。在慶功會上，他再次成了英雄，許多媒體稱讚他是全美最堅強勇敢的人。

沒有想到幾天之後，亞瑟爾竟然割腕自殺，留下遺書說：「這些年來，讓我活下去的信念就是抓住兇手，現在傷害我的兇手已經判刑，我的仇恨化解了，生存的信念也隨之消失。面對自己的傷殘，我從來沒有像現在這樣絕望過……」

法國思想家沙特在解釋「存在主義」時說：「只有當一個人堅定自己的信念時，他才有生存下去的勇氣。」

亞瑟的結局很可悲，九年的艱苦日子都走過來了，到了最後爲什麼還會喪失生存的信念呢？

生命很脆弱，人的一生能有多少機會經歷大難而不死？

或許我們不能苛責亞瑟爾，但是在活下來的緝兇過程中，他卻看不見生命的難能可貴，也許應該說，在被兇手射傷的那一刻，他早已經死去，支撐他肉體繼續存活的是一股旺盛的復仇意念。

後來，亞瑟爾之所以失去了生存的意念，其實是他已經不知道自己爲什麼要活下來。亞瑟的故事不啻提醒我們，不管經歷多大的困難，不管面對了多大的生命困境，失去一隻眼睛，少了一條腿，這些都並不要緊，可一旦失去了積極活下去的信念，就什麼都失去了。

你可以不用跑在別人後面

如果你渴望成功，並且相信積極的個性是成功的基礎，那麼請時時刻刻提醒自己：「我就是第一！我一定可以成為第一！」

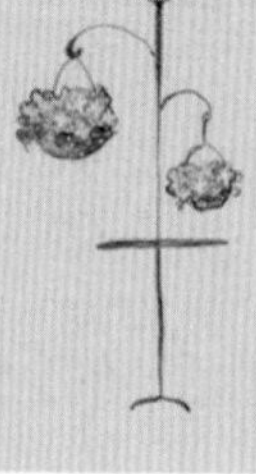

羅伯特曾經說過：「很難說什麼是辦不到的事情，因為昨天的夢想可以是今天的希望，並且還可以成為明日的現實。」

簡單的說，如果你對成功充滿渴望，並且對於取得成功滿懷信心，那麼成功就一定會降臨在你的身上。

理查·派迪是賽車史上贏得最多獎金的賽車手。他第一次參加比賽，就獲得第二名的好成績，內心非常的高興，所以等到比賽一結束，馬上就打電話跟母親報告比賽的結果。

「媽媽！」理查對著話筒興奮地大喊著：「告訴妳，我得到第二名了！」

但是，母親並不像理查想像中那樣高興，而是很平靜地回答：「孩子，可惜你不是第一名！」

母親的回答讓理查興奮的情緒頓時冷卻了一大半，他忍不住跟母親抗議：「媽，妳不認為我第一次參加比賽就拿到第二名，這已經很不容易了嗎？而且這還不是普通的比賽。」

「理查！」母親很嚴厲地回答說：「你必須記住，以你的能力，根本不用跑在任何人後面！」

在接下來二十年的賽車生涯中，理查．派迪稱霸整個賽車界，他的許多項紀錄到今天還沒有被打破，因為，他從來沒有忘記母親的話：「理查，你根本不用跑在任何人後面！」

威爾遜曾經寫道：「要有自信，然後全力以赴，假如有這種信念，任何事情十之八九都能成功。」

的確，一個人倘使沒有自信的話，人生就索然無味，必須切記，我們的人生，會隨著我們的自信多寡，而具有多少價值。

如果你打從內心決定要成爲第一，那麼你絕對就可以取得比現在更好的成績。如果你是一個渴望成功的人，並且相信積極的個性是成功的基礎，那麼請時時刻刻提醒自己：「我就是第一！我一定可以成爲第一！」

爲什麼要這樣提醒自己呢？

因爲，你本來就可以是第一，就算目前不是，至少也要在心底給自己打氣，只要開始相信自己，你的表現就會越來越好。

勇氣會讓你逢凶化吉

英國桂冠詩人華茲華斯說：「堅韌是成功的一大因素。只要在門上敲得夠久、夠大聲，一定可以把裡頭的人叫醒。」

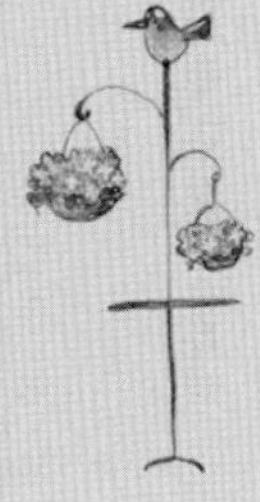

一個人之所以能夠成功，並不在於深處順境展現多少能力，而是在於聽到不好的訊息之時，感到徬徨迷惑之時，能否告訴自己一定要充滿信心，然後用堅毅不撓地扭轉自己所處的逆境。

逆境是通往成功的唯一道路，也是鍛鍊意志的最高學府。

鋼鐵之所以堅硬，是因爲它在烈火裡燃燒，又在冰水裡冷卻。人生其實也是如此，唯有遭遇過超越常人的苦難，才能獲得超越常人的成功。

一八六四年九月三日，瑞典首都斯德哥爾摩近郊的一家工廠，突然傳出一連串震耳欲聾的爆炸巨響，頓時濃煙佈滿天空，火舌不斷竄燒。短短幾分鐘時間，化學家諾貝爾前半生的心血化為灰燼。

消防隊和當地民眾趕到出事現場時，只見原來的工廠已經蕩然無存，無情的大火吞沒了一切。

諾貝爾呆楞地站在火場旁邊，這場突如其來的災禍，把他嚇得面無人色，全身不住地顫抖著。

消防隊從瓦礫中找出了五具屍體，其中一個是他正在大學讀書的小弟，另外四個人則是和他情同手足的助手。

諾貝爾的母親得知小兒子慘死的噩耗，不禁悲痛欲絕，而他的父親因為受到刺激而中風，從此半身癱瘓。

然而，遭遇這麼巨大的痛苦和失敗，並沒有讓諾貝爾就此放棄研發工作。

悲劇發生後，警察立即封鎖了出事現場，並嚴禁諾貝爾恢復工廠，當地民眾也像躲避瘟神一樣避開他，沒人願意再出租土地讓他進行高危險性的實驗。

但是，這一連串挫敗和打擊，並沒有讓諾貝爾退縮。

幾天之後，有人發現離市區很遠的馬拉崙湖上，出現了一艘巨大的平底駁船，船上擺滿了各種實驗設備，有個人正全神貫注地進行一項神秘的試驗。他就是在大爆炸後，被當地居民趕走的諾貝爾！

因為充滿信心和勇氣，諾貝爾多次逢凶化吉，經過多次充滿危險的實驗，他沒有和他的駁船一起葬身魚腹，反而發明了雷管，這是爆炸學上的一項重大突破。

接著，他又在德國漢堡等地建立了炸藥公司。

一時之間，諾貝爾生產的炸藥成了搶手貨，源源不斷的訂貨單從世界各地傳來，他的財富也與日俱增。

儘管獲得成功的諾貝爾並沒有擺脫挫折，但是，接踵而至的災難和困境，並沒有讓諾貝爾嚇倒，更沒有一蹶不振。

毅力和恆心，使他堅忍不拔，把挫折踩在腳下，也贏得了成功。他一生當中，總共獲得了三百五十五個發明權的專利，還用自己的財富創立了諾貝爾獎，這些獎項至今仍被國際視為一種至高無上的榮譽。

一個人的成就永遠跟他身處逆境時，所展現的自信成正比。

英國桂冠詩人華茲華斯說：「堅韌是成功的一大因素。只要在門上敲得夠久、夠大聲，一定可以把裡頭的人叫醒。」

從諾貝爾獲得成功的過程中，反省一下自己曾經遇上的困難，是不是根本就微不足道？

諾貝爾堅忍不拔的勇氣，有沒有讓你面對困難更加有了信心？

想實現目標，你必需要有越挫越勇的能量，能跌倒了再站起來，這些是成功的過程中不可缺少的必備條件！

成功的秘密，就在於失敗經驗的累積

有位哲人曾經說過一句雋永的話語：「得到成功的最好方法，就是增加失敗的比例。」

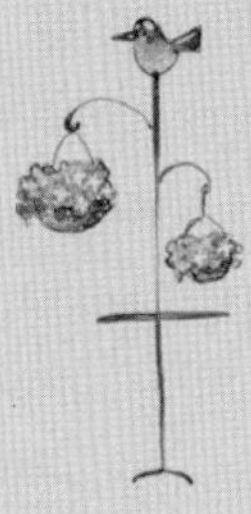

一個人能否創造出一番成就，關鍵往往在於是否懂得用積極、樂觀、開闊的態度，面對人生過程中的失敗挫折。

只有經歷過失敗的人才會知道，什麼是致勝秘訣，因爲唯有經由失敗的教訓，你才有機會尋找出全新的觀點和方法。

根據統計，一九七九年一整年，波士頓拳擊明星詹姆斯被擊中的記錄竟然高達三千多下。

有一位記者揶揄地問：「挨了這麼多拳，你不怕腦袋受影響嗎？」

他笑著回答說：「怎麼會呢？其實，我就是因為這些打擊，腦袋才變得聰明起來。」

對詹姆斯來說，失敗與成功是他生活路上兩個必備的元素，想成功就要有失敗的經驗；有了失敗，才有更多成功的機會。

有位年輕的記者曾經問愛迪生這樣一個問題：「愛迪生先生，當你在實驗或發明的時候，一定會遇上很多困難和麻煩，不知道當你成功的時候有何感受？」

愛迪生回答：「年輕人，你才剛開始你的人生，送你一個觀念，相信會讓你受益無窮。其實，我從來就沒有失敗過，因為這些阻礙讓我成功地發現，哪些方法對於發明根本沒有任何作用。」

是不是很有趣的啟示？

如果愛迪生把每一個失敗都視為失敗，處處受限於困難的情境中，也許會讓他消沉，但是他卻把失敗都視為另一種成功，因而才有勇氣更積極地進行下一個「成功的發現」。

你呢？對於挫折和失敗經驗，你都怎麼看待？

只要你永不放棄，失敗就會是你為成功加分的小法碼。

有位哲人曾經說過一句雋永的話語：「得到成功的最好方法，就是增加失敗的比例。」

因爲，只要你能認眞把每一個失敗的經驗整理起來，仔細評析失敗的原因，找出癥結所在，並引爲警惕，自然不會重蹈覆轍，那麼每一次失敗也就等於縮短成功的距離了。

換句話說，雖然你無法掌控眼前發生的事，但是，你卻可以完全掌握自己對它的反應。

你的反應代表你對生命掌握的能力，你可以選擇被失敗的巨浪淹沒，也可以像衝浪高手那樣站在巨浪的頂端。

失敗只是人生路途中的一個逗點，如果你就這樣停留在這個「點」上，不再繼續向前，那麼你註定是一個失敗者。

當然，倘使你把失敗視爲一個休息站，補足了體力就準備再出發，那麼你爬上高峰的機會便又再進一步，而且接下來，不管再多的風雪阻撓，你都一定能克服。

用正確的心態面對成敗

面對失敗無須灰心喪志，雖然沒有人喜歡輸的感覺，但是，萬一不幸失敗了，也不失為一次難得的體驗，不是嗎？

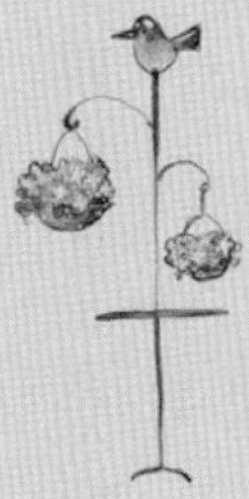

戴爾．卡內基曾說：「能完成豐功偉業的人，多半是在看來毫無希望的處境下，仍能自我奮鬥的人。」

遭遇失敗固然是件讓人沮喪的事，但是，它只不過證明你尚未成功，並非意味著你浪費了時間和生命。

相對的，獲得成功時也不用高興太早，因爲如果你不知道用正確的心態去面對，那麼，也許只會空歡喜一場。

在一次聲勢浩大的人才招聘會上，A以傑出的表現連闖五關，只要能再通過最後一關，這個人人稱羨的職位就非他莫屬了。

A不斷在心裡揣摩著，他的對手只有一位同樣出自明星大學的B，而B在競試過程中，有兩項是勉強過關的。

這時，他們都在等待第六關的考題公佈，這無疑將會是對於他倆的一次宣判，因為兩個人當中，註定有一個人將會被淘汰。

按能力、論表現、拚背景，評審們根本找不到任何理由不錄取A，看來，這場比賽勝負已定，大家紛紛向A投去讚賞的眼光。

經過片刻沉默之後，主持人鄭重宣佈錄取對象：「被錄取的是A，B君請另謀高就。」

還沒等主持人說完，A立刻興奮莫名地站起來，按捺不了心頭的狂喜，還帶頭為自己猛烈地鼓掌。

這時，B不卑不亢地起身向A道賀，笑著說：「企業選擇人才是擇優錄取，你的確是個非常可敬的對手。不過，我相信每間公司都有不同的用人標準和尺度，我也一定可以找到一個適合自己的位置。恭喜你，再見。」

B轉身欲走，卻被主持人攔了下來。

「B先生，你被錄取了。」主持人滿臉喜悅地走向B。

接著，主持人上台對大家說：「成功與失敗本來就是兩個相互依存的概念，沒有成功就不會有失敗，沒有失敗就不會有成功，這兩者應該是平等的。如果我們把任何一方看得太重，這個天平就一定會失衡。我們在這個世界上生存或發展，不應該只羨慕成功者的輝煌，更要能鎮定自若地面對失敗。因為，所有的成功實際上都是以許多人的失敗為起點的，連在起點上都把持不住自己的人，更遑論以後的漫漫長路！」

現在，我想你也應該跟A一樣，知道我們所面臨的第六個問題了吧！

「勝不驕，敗不餒」是每個人都能朗朗上口的處世名言，但這不僅僅是一句了自我安慰的口號，也不是一份必要的虛偽，而是一種人人都應該打從心底抱持的眞實態度。

唯有用正確的心態面對成敗，才能開創更美好的未來。眞正的成功者並不會因爲他的成功而感到得意，反而會爲了要如何更上一層樓而兢兢業業。

同樣的，面對失敗我們也無須灰心喪志，雖然沒有人喜歡輸的感覺，但是，萬一不幸失敗了，也不失爲一次難得的體驗，不是嗎？只要能夠再爬起來，你還不算是一敗塗地。

痛苦，會讓你脫胎換骨

美國作家華盛頓．歐文在《見聞札記》裡寫道：「小人物在不幸中卑躬屈膝，大人物在不幸中挺身而起。」

爲什麼最珍貴的植物往往得在深山裡才找得到？爲什麼最新奇古怪的海洋生物都生活在最深層的海底？

這些植物或生物是在人們找尋的時候才被發現，它們生長的環境是那樣的惡劣，但正因爲生長不易，它們也往往具備了其他動植物所沒有的價值，人生不也正是如此嗎？

在里昂的一次社交宴會上，與會的賓客因為討論掛在牆上的一幅油畫而發生了爭論。主人看到雙方的爭執越來越激烈，為了緩和氣氛，便轉身找來一個年輕僕人解釋這幅作品。

起初，客人們對主人的做法深深不以為然，但是，令他們驚訝的是，這僕人的解說有條不紊，深具說服力，眾人的爭論立刻平息下來。

一位客人感到相當納悶，便態度恭敬地問這僕人：「先生，您真是學識淵博，是從什麼學校畢業的？」

這位年輕僕人不卑不亢地回答說：「我在很多學校學習過，但是，讓我花最多時間也獲得最大的收益，就是『苦難』。」

這位年輕僕人的苦難遭遇，對他而言很有助益，儘管當時的他只是一個貧窮而低微的僕人，但是不久之後，他便以卓越的智慧震驚了整個歐洲，而且舉世聞名。他就是法國最著名的哲學家盧梭。

有一位名叫道格拉斯的黑奴，從小連最基本的身體都不屬於自己，因為在他出生之前，就被家人拿去抵債了，出生之後，他就註定有一段辛苦的人生路要走。因此，道格拉斯成長的過程中，不僅沒有機會上學讀書，連農場主人也不允許他自修學習。

但是，道格拉斯並沒有放棄自修，只要主人一不注意，他就會從廢報紙、藥單、日曆上學習文字，而且非常努力，從不間斷。

二十一歲的時候，道格拉斯逃離了農場，到北方的紐約當搬運工，並參加反奴隸運動。

後來，他在紐約辦過報紙，在華盛頓編輯過《新時代》雜誌，而且還成為哥倫比亞地區聯邦法官和美國的第一個黑人議員。

美國作家華盛頓．歐文在《見聞札記》裡寫道：「小人物在不幸中卑躬屈膝，大人物在不幸中挺身而起。」

在肥沃的土地上會有盛開的美麗花朵，但強風一掃就會傾倒，唯有那些從岩縫中生長的參天大樹，才能在狂風暴雨中屹立不搖。

不管工作、生活或人際交往，都會有不順遂的時候，其實，只要我們願意換個角度面對，糾葛就能迎刃而解。

生命的痛苦和磨難，往往是一個人脫胎換骨、向上躍昇的契機。沒有經歷過坎坷磨難的人，永遠領略不到人生的美好，永遠不會超越常人的成就。

你的人生只是夢幻泡影？

丹麥詩人皮特海因曾說：「人唯有像樹木一樣自然成長、飽經風霜，才能根深葉茂。」

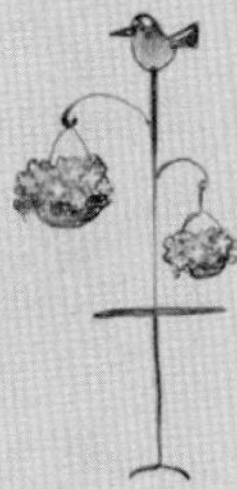

不管工作上或生活上，人都必須面對問題，也必須學著解決問題。

其實，每個人都像是一棵樹，不管願不願意，都得經歷大風大雨，都得經歷生命的變動，只有一點一滴的累積生命的養分之後，我們才會像雄偉的大樹一樣，站在風雨之中屹立不搖！

日本經營之神松下幸之助在回憶自己的奮鬥歷程時說，從小他當學徒的時候，在老闆的嚴厲教導之下，不得不勤勉學藝，卻也不知不覺地養成了勤勉的習慣。所以，別人視為最辛苦困難的工作，他不僅不覺得辛苦，反而都覺得很快樂。

換個方式說，松下幸之助覺得快樂的工作，在別人看來卻苦不堪言，正是因為看待工作的態度的不同，所以他的成就和一般人自然有天淵之別了。

他曾經在書中回憶說：「年輕的時候，長輩們總是教導我們要勤奮努力，那時我便想，如果自己不肯勤勉努力，那麼年紀輕輕的我，怎麼奢望將來擁有些什麼成就？正因為年輕有所期望，才更要認真努力前進。」

人脫離了現實，就只能生活在虛幻之中。

沒有紮實的根基，你看到的只是一次又一次的海市蜃樓和夢幻泡影；沒有眞正的本領和能耐，只有誇口和吹牛皮，你認爲你還能擁有什麼？

丹麥詩人皮特海因曾說：「人唯有像樹木一樣自然成長、飽經風霜，才能根深葉茂。」

這句話看似平凡簡單，卻充滿了深刻的人生哲理。

沒有人不希望早點功成名就，但千萬別弄虛作假或是一味只想走捷徑，成功是汗水淚水與血水澆灌出來的果實，唯有經歷千錘百鍊的成功，才是眞正屬於你的成功。

你的自信，一定會讓你更加幸運

作　　者　江映雪
社　　長　陳維都
藝術總監　黃聖文
編輯總監　王　凌
出 版 者　普天出版家族有限公司
新北市汐止區忠二街 6 巷 15 號
TEL / (02) 26435033 (代表號)
FAX / (02) 26486465
E-mail：asia.books@msa.hinet.net
http://www.popu.com.tw/
郵政劃撥 19091443 陳維都帳戶
總 經 銷　旭昇圖書有限公司
新北市中和區中山路二段 352 號 2F
TEL / (02) 22451480 (代表號)
FAX / (02) 22451479
E-mail：s1686688@ms31.hinet.net
法律顧問　西華律師事務所・黃憲男律師
電腦排版　巨新電腦排版有限公司
印製裝訂　久裕印刷事業有限公司
出 版 日　2021 (民 110) 年 3 月第 1 版
ISBN◉978-986-389-765-1　條碼 9789863897651

國家圖書館出版品預行編目資料

你的自信，一定會讓你更加幸運／
江映雪著.—第 1 版.—：新北市,普天出版
民 110.3 面； 公分. - (生活良品；26)
ISBN◉978-986-389-765-1 (平裝)

生活良品
26